Bauen auf dem Land

Christoph Gunßer

# Bauen auf dem Land

Innovative Wohnhäuser aus
Deutschland, Österreich
und der Schweiz

Deutsche Verlags-Anstalt
München

Bibliografische Information Der Deutschen Bibliothek
Die Deutsche Bibliothek verzeichnet diese Publikation in der Deutschen National-
bibliografie; detaillierte bibliografische Daten sind im Internet über
http://dnb.ddb.de abrufbar.


© 2004 Deutsche Verlags-Anstalt GmbH, München
Alle Rechte vorbehalten
Grafische Gestaltung: Iris von Hoesslin, München
Lithographie: reproteam siefert, Ulm
Druck: Jütte-Messedruck GmbH, Leipzig
Bindung: Kunst- und Verlagsbuchbinderei, Leipzig
Printed in Germany

ISBN 3-421-03403-6

# Inhalt

| | | | |
|---|---|---|---|
| 6 | **Lauter besondere Orte**<br>Bauen auf dem Land in Zeiten exzessiven Landschaftsverbrauchs | 86 | **Vier Einfamilienhäuser in Kipfenberg an der Altmühl (D)**<br>Werner Baumann, Günther Baumann, München |
| 10 | **Zwei Einfamilienhäuser in Schondorf am Ammersee (D)**<br>Felix Bembé und Sebastian Dellinger, Greifenberg | 90 | **Einfamilienhaus in Alberschwende (A)**<br>Novaron Eicher Hutter Gepp, Diepoldsau |
| 16 | **Einfamilienhaus mit Praxis in Dießen am Ammersee (D)**<br>Felix Bembé und Sebastian Dellinger, Greifenberg | 96 | **Einfamilienhaus in Rorschacherberg (CH)**<br>Novaron Eicher Hutter Gepp, Diepoldsau |
| 22 | **Einfamilienhaus in Mitterfischen am Ammersee (D)**<br>Felix Bembé und Sebastian Dellinger, Greifenberg | 102 | **Einfamilienhaus in Eichenberg-Lutzenreute (A)**<br>k_m architektur, Daniel Sauter, Bregenz/Lindau |
| 28 | **Einfamilienhaus in Hauzenberg-Rassreuth (D)**<br>Hiendl & Partner, Passau | 108 | **Einfamilienhaus in Schlins (A)**<br>k_m architektur, Daniel Sauter, Bregenz/Lindau |
| 34 | **Einfamilienhaus mit Büroräumen in Bärnau (D)**<br>Brückner & Brückner, Tirschenreuth | 114 | **Einfamilienhaus in Lochau (A)**<br>k_m architektur, Daniel Sauter, Bregenz/Lindau |
| 40 | **Wohnhaus in Nürnberg-Großgründlach (D)**<br>Matthias Loebermann, Nürnberg | 118 | **Einfamilienhaus mit Büro in Wolfurt (A)**<br>k_m architektur, Daniel Sauter, Bregenz/Lindau |
| 46 | **Einfamilienhaus mit Atelier in Gleißenberg (D)**<br>Florian Nagler Architekten, München | 122 | **Einfamilienhaus im Landkreis Fürth (D)**<br>Dürschinger Architekten, Fürth |
| 52 | **Zwei Einfamilienhäuser in Vornbach am Inn (D)**<br>Erwin Wenzl + Manfred Huber, Vornbach;<br>Peter Kemper, Vornbach | 126 | **Einfamilienhaus in Kaufbeuren (D)**<br>Kehrbaum Architekten, Augsburg |
| 58 | **Einfamilienhaus in Ilzrettenbach (D)**<br>Koller + Schuh, Passau | 132 | **Aufstockung in Penzberg (D)**<br>Florian Nagler Architekten, München |
| 62 | **Doppelhaus in Geretshausen (D)**<br>Sampo Widmann, München | 138 | **Künstleratelier in Eberhardszell-Dietenwengen (D)**<br>Müller, Benzing und Partner, Esslingen |
| 66 | **Zwei Doppelhäuser in Oberried (CH)**<br>Aebi & Vincent, Bern | 142 | **Austragshaus in Neuburg/Inn (D)**<br>Peter Koller, Passau |
| 70 | **Einfamilienhaus in Rueun (CH)**<br>Robert Albertin und Alexander Zoanni, Chur | 146 | **Erweiterung eines Aussiedlerhofs in Geroldshausen (D)**<br>Bruno Bruckner, Würzburg |
| 74 | **Einfamilienhaus in Maienfeld (CH)**<br>Robert Albertin und Alexander Zoanni, Chur | 150 | **Austragshaus eines Einödhofs bei Landsberg (D)**<br>W. E. Lüps, Utting, P. Megele, Hohenpeißenberg |
| 78 | **Wohnhausgruppe in Vaduz (FL)**<br>Keller + Brandner, Vaduz | 154 | **Austragshaus in Fürstenzell/Steindobl (D)**<br>Erwin Wenzl + Manfred Huber, Vornbach |
| 82 | **Drei Einfamilienhäuser in Göppingen-Lerchenberg (D)**<br>Stefan Schwarz, Nürtingen | 158<br>159 | **Die Architekten**<br>**Bildnachweis** |

»Die Bauwerke holen erst die Erde als die bewohnte Landschaft in die Nähe des Menschen und stellen zugleich die Nähe des nachbarlichen Wohnens unter die Weite des Himmels.«
Martin Heidegger

## Lauter besondere Orte
Bauen auf dem Lande in Zeiten exzessiven Landschaftsverbrauchs

Wie naiv wirken die Worte des Philosophen, 1957 notiert, angesichts der Veränderung der Landschaft durch den Menschen, wie sie seither stattgefunden hat! In nur vierzig Jahren, von 1950 bis 1990, verdoppelte sich die Siedlungsfläche in Deutschland (in Österreich und in der Schweiz verlief die Expansion ähnlich rasant). Pro Kopf der Bevölkerung haben wir nicht nur rund vierzig Quadratmeter Wohnfläche, sondern auch knapp 600 Quadratmeter versiegelte Fläche zur Verfügung: Straßen, Parkplätze, Büros, Einkaufszentren, Flughäfen. Schon in den frühen Sechzigern warnten Architektenverbände vor der »großen Landzerstörung«. Geändert hat es wenig.

Nach einem Jahrzehnt beschleunigter Expansion durch Wirtschaft, Häuslebauer und Verkehr legte die konservative Regierung von Baden-Württemberg vor kurzem ein »Programm zur Eindämmung des Landschaftsverbrauches« vor, das leer stehenden Ortszentren neues Leben bringen statt die Erschließung beliebiger Neubaugebiete fördern soll. Ein Tropfen auf den heißen Stein, sicher, doch ein Anzeichen für eine Trendwende?

Eine Veränderung vollzieht sich weniger im Ökonomischen als auf dem Feld der ästhetischen Wahrnehmung, der eigenen Identität. Auffällig oft wird seit den neunziger Jahren das »Regionale« betont, wobei das Kalkül klar ist: Die kalte Welt der Globalisierung, vor der kein Lebensbereich mehr sicher ist, verlangt nach einer Gegenwelt. So lässt sich auch in der Architektur nach all der Euphorie über die Ortlosigkeit (die es weiterhin gibt) ein »neuer Regionalismus« beobachten.

Doch während seriöse Historiker im Auftrag der Wüstenrot Stiftung über »Die Architektur, die Tradition und den Ort« publizierten und die Verbreitung zeitgenössischer »Hauslandschaften« mittels Gestaltsatzungen erforschen, während in der neuen deutschen Hauptstadt ebensolche rigiden Vorschriften den »Wildwuchs« zugunsten lokaler Traditionspflege eindämmen – »Wenn die Architekten nicht an die Leine genommen werden, dann machen sie den größten Unsinn«, polemisiert ein dort erfolgreicher, konservativer Architekt –, während also solche Phänomene aufhorchen lassen, ist doch Skepsis angebracht, wenn von einem neuen Ortsbezug die Rede ist.

Auch das Authentische wird heute, wie Friedrich Achleitner anhand der Tourismusregion Alpen richtig bemerkt hat, zumeist inszeniert. Die »neue Sinnlichkeit« präsentiert sich meist losgelöst von solchen regionalen Bezügen: Holzhäuser werden längst landauf, landab gebaut, auch dort, wo Holz früher nur verfeuert wurde. »Regionale« Gestaltvorgaben, etwa bei Dachform und -neigung, von Baubeamten erdacht, schaden nicht selten mehr als sie nutzen. An der Beliebigkeit der Neubaugebiete ändern sie jedenfalls nur wenig. Dass lokale und regionale Faktoren auf die Gestaltung Einfluss nehmen, sollte im Zuge der Ökologisierung des Bauens selbstverständlich sein – nur eben muss dies nicht in Form herkömmlicher Bilder geschehen.

Was die Auswahl der Beispiele in diesem Buch aufzeigen will, ist vielmehr, dass jeder Ort, zumal in der Landschaft, potentiell ein besonderer Ort ist, der nach eigenen architektonischen Antworten verlangt – seien diese Überhöhung, Ausbruch, Unterordnung oder sogar der Verzicht auf jeden Eingriff. So könnte die elementare Beziehung, die Heidegger meinte, wieder möglich werden.

Bewohnte Landschaft: Im Wildniscamp am Falkenstein im Bayerischen Wald, Hochbauamt Passau 2002, lassen sich elementare Situationen des Siedelns nacherleben.

Weiteren Informationen unter www.wildniscamp.de.

Beispiele

# Ensemble statt Objekt

**Zwei Einfamilienhäuser in Schondorf am Ammersee (D)
Architekten: Felix Bembé und Sebastian Dellinger,
Greifenberg**

**Raumbildung ist eine Rarität in ländlichen Baugebieten – zu weit liegen die Gebäude auseinander, und zu objekthaft sind sie gestaltet. Anders diese zwei Häuser: Anstelle eines konventionellen Doppelhauses errichtet, bieten sie ein spannendes Raumerlebnis aus Enge und Weite, Hell und Dunkel, Nähe und Distanz – und sind jedes für sich eine elegante Erscheinung.**

In Grundriss und Materialwahl ähnlich, bekommen die beiden Häuser durch ihre Lage und die versetzte Stellung zueinander doch ein jeweils eigenständiges Gepräge: von Norden am Wohnweg zugänglich und ins ebene Terrain nach Süden orientiert das eine, vordere, vom Platz im Westen erschlossen und nach Osten zum Bach orientiert das andere, hintere Haus. Auch die Garage ist räumlich eingebunden und formt mit dem Vorderhaus die »Pforte« zum Wohnweg. An dessen Ende bilden Eingang und Ausguck des »Hinterhauses« einen Blickfang. Das von Süden einfallende Licht lockt aus dem Schatten des Wohnwegs auf den Platz zwischen den Häusern. Die geben hier nicht ihr Innerstes preis (nur die Neben- und Treppenräume), haben aber in der senkrechten, dunkel lasierten Leistenschalung eine angenehm lebendige, haptisch-taktile Qualität. Von vorspringenden Betonstufen und -dächern gefasst, heben sich die beiden Eingänge durch die feine Tischlerarbeit von Tür und Bank vom »rustikalen« Rücken ab. Eine freundliche, unmissverständliche Abfolge von Schwellen also, die keine Gemeinschaft erzwingt, sie aber fördert – so gibt es zum Beispiel »Klöntüren«. Die Treppenhausfenster verfügen aparterweise über eine drehbare Lamellenstruktur, die dem Passanten wahlweise Nähe oder Distanz zu vermitteln versteht.

Die eigentliche Wohnseite der Häuser hebt sich weiß verputzt und kubisch vom dienenden dunklen Rücken ab. Die großen Glasflächen greifen hier über Eck, teils auch über die zwei Ebenen, springen als Kastenfenster vor oder zurück. Das geschickte Spiel mit Material- und Formkontrasten lässt das Ensemble nicht nur plastisch und lebendig wirken, es scheint zugleich die doch recht große Baumasse zu reduzieren. Dabei ist der Gewinn an wirklich nutzbarem Außenraum gegenüber dem – gleich nebenan zu sehenden – Standarddoppelhaus beträchtlich. Gebäude und Landschaft sind nicht getrennt, sondern in einer spannenden Raumfolge verbunden.

Diese Bewegung von Eng nach Weit, Dunkel nach Hell, bestimmt auch das Innere der Häuser. Vom niedrigen Entree mit Nebenräumen geht der Blick, den der Kaminblock teilweise verstellt, in die Tiefe des mit dem Gelände abwärts führenden Wohnraums, der über den Luftraum einer Galerie zum Garten hin immer lichter wird. Die Innenwände sind sämtlich in Weiß gehalten, Treppen und Einbauten aus hellem Holz.

Bauherren: Maria Luise Schraml-Bronner, Wolfgang Schraml, Schondorf, und Barbara Ruck, Arno Ohrmund, Schondorf
Architekten: Felix Bembé und Sebastian Dellinger, Greifenberg
Nutzfläche: 235 m² je Haus
Baukosten: 320 000 € je Haus brutto KG 3-7
Fertigstellung: August 2002
Standort: Reiherweg 8, Schondorf am Ammersee (Bayern)

Abfolge von eng und weit, dunkel und hell, rau und fein: die Eingangssituation der beiden Häuser.

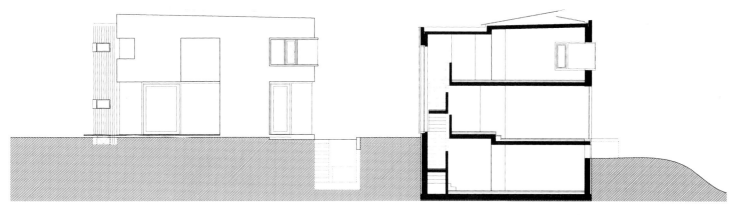

Ansicht
Schnitt

Obergeschoss

Erdgeschoss

Die Abstufung vom Entree zum Wohnbereich folgt dem Geländeverlauf.

Die Küche liegt offen am Entree.

Die Wohnseiten sind weit geöffnet und weiß verputzt.

Mimesis im Wald: die raue Lattung und ihr Kontext.

Regulierbarer Einblick: verstellbare Lamellen am Treppenhaus.

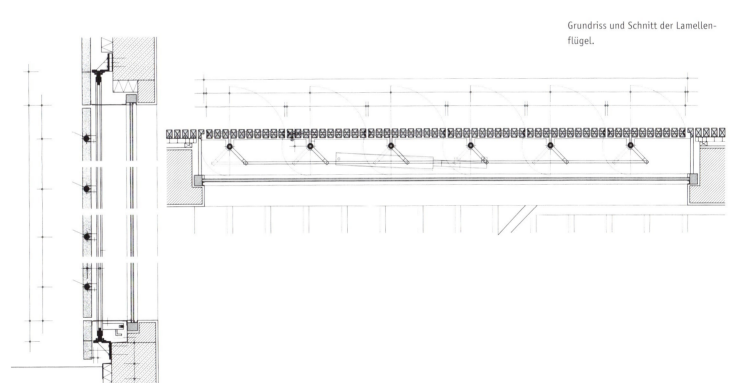

Grundriss und Schnitt der Lamellenflügel.

# Zweigeteilt, eingebettet

## Einfamilienhaus mit Praxis in Dießen am Ammersee (D)
## Architekten: Felix Bembé und Sebastian Dellinger, Greifenberg

**Geschickt fügt sich das Bauvolumen dieses Holzhauses so ins schmale Hanggrundstück, dass Praxis und Wohnung einerseits klar getrennt sind, andererseits ein spannender Übergang zur Landschaft entsteht.**

Zwei flache Pultdachkörper wurden leicht versetzt hintereinander gruppiert. Die hinten liegende, eingeschossige Praxis erhält so noch Sonnenlicht und ein klein wenig von der schönen Aussicht auf Wiesen, Weiher und Berge, in deren Genuss das vollflächig verglaste Vorderhaus zur Gänze kommt.

Gerahmt von einem »Kasten« aus schlichten Brettstapelplatten, wirkt die zweigeschossige Front zur Landschaft inmitten von üppigem Grün fast wie eine Höhle, natürlich und bescheiden. Das regelmäßige Holzbauraster teilt die Ansicht in drei gleiche Schotten und ein seitlich angefügtes Treppenhaus, das, geschossübergreifend verglast, beim Herabschreiten ein Aha-Erlebnis der Landschaft bietet. Die gemeinsam genutzten Wohnräume liegen auf der unteren Ebene am Garten, drei gleich große Zimmer reihen sich am innen liegenden Flur unterm Dach.

Hinten hingegen ist das Pultdach bis an die Grenze des Grundstücks in die Breite gezogen, so dass ein repräsentatives Entree mit einem Durchblick auf Dorf und Landschaft in der Ferne entsteht.

Ein massiver, lehmverputzter Kern speichert die Sonnenwärme und optimiert die Solargewinne des hochgedämmten Hauses, das über eine Pelletheizung als Grundversorgung verfügt. Schwenkbare Sonnensegel und Lamellen regulieren Sonneneinfall und Einblicke.

Bauherren: Stefanie und Tobias Hauser
Architekten: Felix Bembé und Sebastian Dellinger, Greifenberg
Baukosten: keine Angaben
Fertigstellung: 2001
Standort: Grünhütlstraße 25, Schondorf am Ammersee (Bayern)

Die schmale Südansicht fügt sich ruhig in die Hanglage am Landschaftsraum.

Seitlich an den Wohnräumen vorbei bietet das Treppenhaus Ausblicke auf Garten und Landschaft – und reizvolle Schattenspiele.

Gartenebene

Eingangsebene

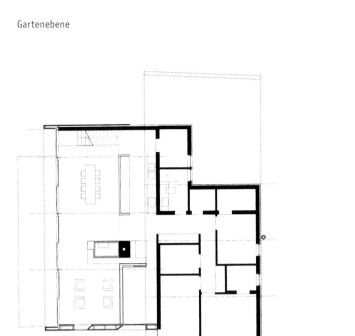
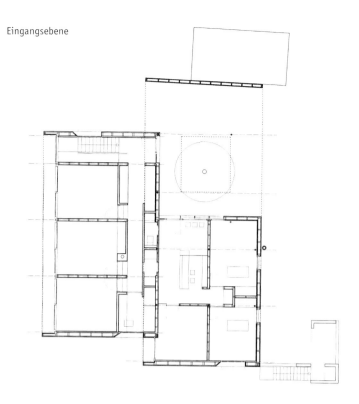

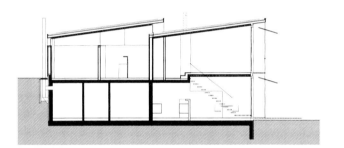

Querschnitt

Offener Wohnbereich auf der Gartenebene.

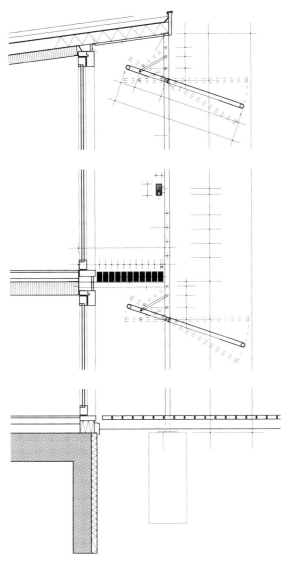

Detailschnitt Südfassade

Die mehrschichtige Südfassade mit Sonnenschutz.

Die durchlässige Wohnsituation außen und innen; rechts unten der Eingangshof für Praxis und Wohnung unter dem Pultdach.

# Freiheit unterm Satteldach

## Einfamilienhaus in Mitterfischen am Ammersee (D)
## Architekten: Felix Bembé und Sebastian Dellinger, Greifenberg

Während die Eingangsseite (unten) den Feldstadeln der Umgebung ähnelt, öffnen sich die Wohnräume großflächig zur Landschaft.

**Ein konventioneller Umriss des Hauses, wie er oft in Bebauungsplänen vorgeschrieben ist, schließt einen individuellen Grundriss und den Bezug zur Landschaft nicht aus. Dieses Satteldachhaus überrascht im Inneren durch Großzügigkeit und wohl inszenierte Ausblicke in die Berge.**

Ein gen Südwesten abfallender Hang am Ortsrand, die übliche üppige Parzellierung für frei stehende Einfamilienhäuser. Erschlossen wird das Haus von Osten, also von oben; die Talseite ist zugleich Aussichtsseite, vor der Bergkulisse in der Ferne liegen ein paar alte landwirtschaftliche Gebäude aus Holz.

Wo die Fassade nicht für Ausblicke geöffnet ist, umgibt denn auch eine senkrechte raue Bretterschalung das Haus. Die Eingangsfront ist unter der ruhigen Trauflinie, ganz nach Art eines Stadels, komplett verbrettert. Nur ein herausgezogener Betonquader weist den Weg über den Kies zum Haupteingang. Garage und Nebeneingänge fallen kaum auf. Auch die Dachflächen werden, abgesehen von einem Oberlicht am First, von keinen Aufbauten gestört.

In diesen Holzquader mit aufgesetztem, leichtem Dach sind die geschosshohen Kastenfenster wie Vitrinen gesetzt. Tatsächlich wird das Erdgeschoss auch für Ausstellungen genutzt. Zu diesem Zweck lassen sich die Öffnungen im zentralen betonierten Kern des Hauses schließen, Küche, TV und Kamin verschwinden dann.

Während im Nordteil des Gartengeschosses eine Einliegerwohnung Platz findet, ist die Südseite so durch eine weit ins Freie führende Mauer abgetrennt, dass Pool und Treppe den Ruheraum erweitern. Die privateren Wohnräume im Dachgeschoss sind ganz auf das Panorama im Süden hin orientiert.

Das Haus ist lediglich mit Holz verkleidet, die tragenden Wände sind aus Mauerwerk.

Bauherrin: Erika Kaufmann
Architekten: Felix Bembé und Sebastian Dellinger, Greifenberg
Baukosten: keine Angaben
Fertigstellung: 2000
Standort: Flossmannstraße 4, Mitterfischen am Ammersee (Bayern)

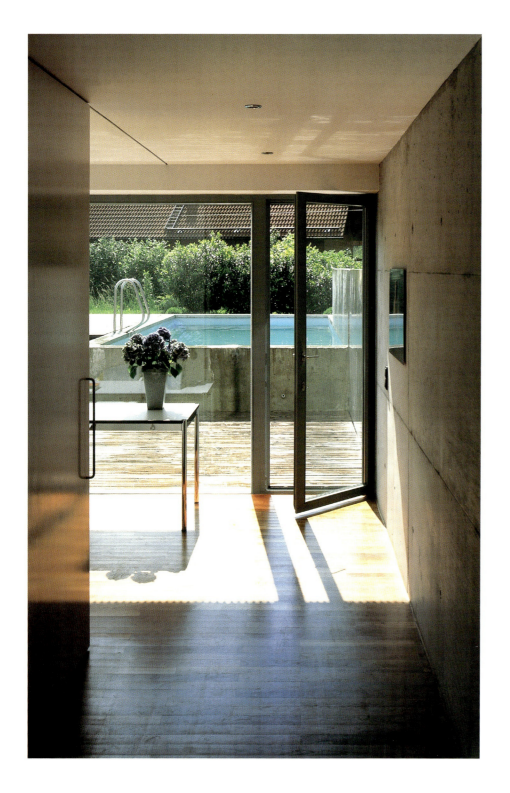

Die Nebenräume erhalten nur indirektes Licht. Im Gartengeschoss öffnen sich große Fenster ins Freie.

Holz und glattgeschalter Beton prägen den großen Wohnraum mit abteilbarer Küche im Eingangsgeschoss.

Blick zurück vom Pool.

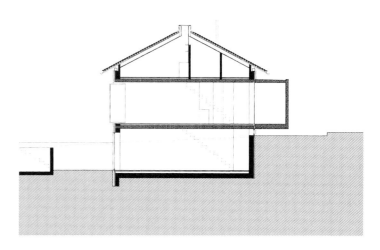

Querschnitt

Gartenebene

Eingangsebene

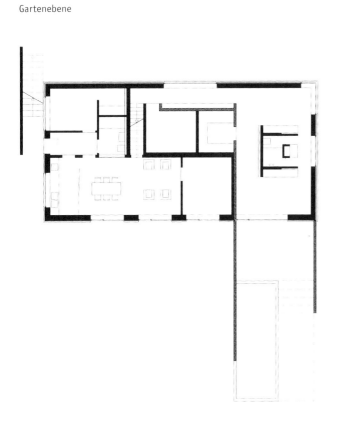

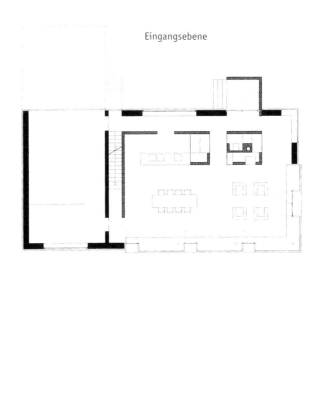

Detail First mit Oberlicht und Traufe

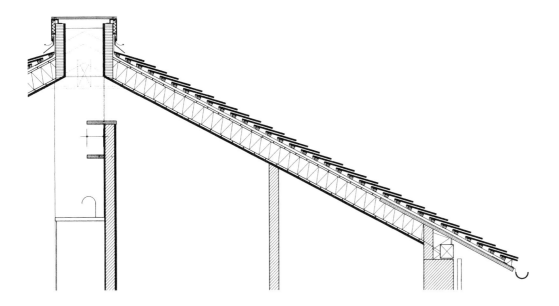

Giebelansicht

# Vier Ebenen am Hang

## Einfamilienhaus in Hauzenberg-Rassreuth (D)
## Architekten: Hiendl & Partner, Passau

**Klar und diszipliniert in den baulichen wie in den außerordentlich reizvollen landschaftlichen Kontext eingefügt, entfaltet dieses fein detaillierte Haus Größe durch Öffnung und versetzte Ebenen im Inneren.**

Ein Südhang am Rand des Bayerischen Waldes, über eine weite Talwiese hinweg geht der Blick auf den Staffelberg – diese Situation nutzt und überhöht das Haus: Von der oben vorbei führenden Dorfstraße aus – der alte Kern liegt etwas weiter westlich – duckt es sich mit ortstypisch flach geneigtem, weit auskragendem Dach an die Hangkante. Aus den Stützwänden der notwendigen Terrassierung entwickelt sich die Querglierung des Grundrisses: hangseitig ein mehr geschlossener schmaler Trakt mit Schlaf- und Nebenräumen, talseitig über die gesamte Breite der Wohnbereich mit Küche. Vom Haupteingang auf der mittleren Ebene im Osten führen nach Split-Level-Muster kurze Treppen hinab in den gemeinschaftlichen Wohnbereich, dem ein Deck auf Gartenniveau vorgelagert ist, oder hinauf zu zwei Kinderzimmern mit offenem Dachraum und schmalem Balkon, und von dort weiter zum Bereich der Eltern, der mit seinem separaten Zugang und der vorgelagerten Terrasse auch als Einliegerwohnung taugen würde.

Die notwendigerweise massive Konstruktion endet in außerordentlich feinen Details: trotz weiter Auskragung sehr schmale Dachkante (Zinkblechdeckung), ablesbare Fügung des Dachstuhls, bündig in die Putzfassade gesetzte, teils über Eck gehende Fenster mit Holzrahmen, rhythmisch-ruhig gegliederte Holzfassade im Süden. Sie öffnet sich zur Sonne und zur Aussicht – und wird, sind die Narben im Hang erst verheilt, auch aus der Landschaft heraus nicht als Störung, sondern als Akzentuierung empfunden werden.

Bauherren: Maria und Josef Eberle
Architekten: Hiendl & Partner, Stefan Hiendl, Albert Köberl, Passau
Nutzfläche Wohnhaus: 210 m²
Baukosten: 300 000 €
Fertigstellung: 2002
Standort: Krinninger Hauptstraße 18, Hauzenberg-Rassreuth (Bayern)

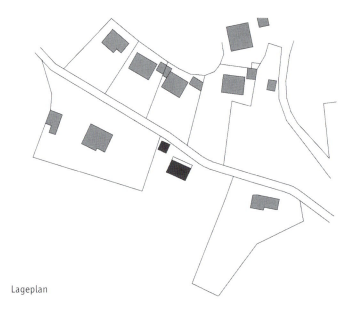

Lageplan

Weit auskragendes Dach mit sichtbarem Gebälk, das jedoch überhaupt nicht jodlerhaft aussieht: Südfassade.

Terrasse der Eltern- beziehungsweise Einliegerwohnung hinter dem Haus.

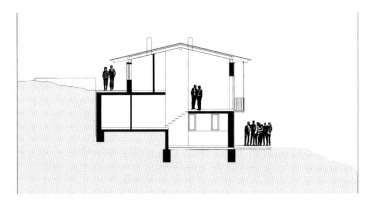

Querschnitt

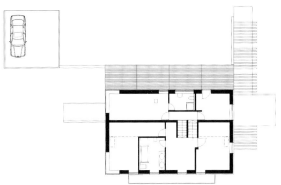

Eingangsebene

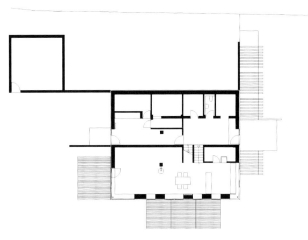

Gartenebene

Splitleveltreppe
Wohnraum

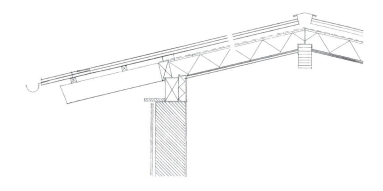

Detail Traufe und First

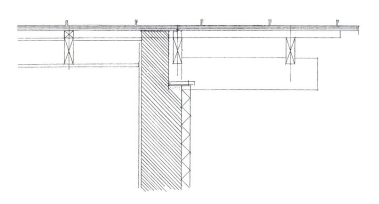

Detail Ortgang

Südwestecke

Ostseite mit Haupteingang.

Abgehängter Balkon auf der Südseite.

# Einsiedelei aus Stein und Holz

### Einfamilienhaus mit Büroräumen in Bärnau (D)
### Architekten: Brückner & Brückner, Tirschenreuth

**Eine solche Alleinlage für einen Neubau wird es hierzulande kaum mehr geben: Am Rande der Oberpfalz überblickt das Haus die Fischzuchtanlage der Bauherren und eine weite raue Hügellandschaft, aus deren Ressourcen – Stein und Holz – es geschaffen wurde.**

Granit aus dem nahen Flossenbürg und Lärchenholz aus dem eigenen Wald sind diese Materialien: grob gebrochen, sauber gesägt und vermauert der gelb-graue Stein, als dicke Bohlen horizontal gefügt das noch honiggelbe Holz, das sich, einmal verwittert, dem Stein farblich angleichen wird. Monolithisch wirkt auch die Form des Hauses: ortsübliches flach geneigtes Satteldach und Wände treffen sich in scharfen Kanten. Die wenigen Fenster sitzen bündig in der Fassade. Einzig die zwei Fugen zwischen Stein und Holz gliedern als schmales Fensterband den Baukörper. In dieser Fuge verlaufen Treppe und Erschließung, sie bildet gleichzeitig die Grenze zwischen Wohnbereich (Stein) und Büro (Holz).

Den Steinblock durchbricht nur das eine Fenster der »guten Stube« im Erdgeschoss, das einen weiten Ausblick gewährt. Den anderen Räumen werden nur schlitzartige Oberlichter zugestanden. Ein herbes, hartes Haus, das zu dieser kargen Landschaft passt. Den Stein stülpten die Architekten an der Fuge sogar ein, er läuft im Treppenhaus weiter, so dass tatsächlich ein Block entstand. Innen sind auch die Nassräume wandhoch damit verkleidet, die Böden dort und im Eingangsbereich sind aus Granitplatten. Massiv ist die steinerne Ummauerung gleichwohl nicht – das wäre unbezahlbar; dank ihrer Ortskenntnis gelang es den Architekten, den »Stein-Bruch« als Abfall der Pflastersteinproduktion zu organisieren. So bestehen die Außenwände von Stein- und Holzteil im Kern aus Wärmedämmziegeln mit Dämmschicht. Die übrigen Innenwände tragen einen neutralen Kalkputz, so dass sich der Gegensatz von kühlem Stein und warmem Holz als Thema durch das Gebäude zieht.

Bauherren: Sabine und Andreas Rösch
Architekten: Brückner & Brückner, Tirschenreuth
Mitarbeit: Robert Reith, Wolfgang Herrmann
Grundstücksfläche: 6490 m²
Hauptnutzfläche: 166 m²
Baukosten: 380 000 € nach DIN 276, KG 3-7
Fertigstellung: Dezember 2003
Standort: Bärnau (Oberpfalz, Bayern)

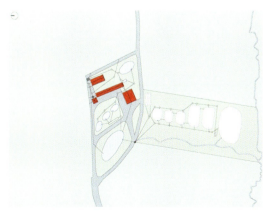

Lageplan

Kompakt und scharfkantig behauptet sich das Haus gegen die raue Landschaft: Südostansicht mit Fischteich (unten).

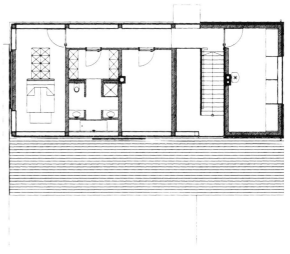

Obergeschoss

Stein prägt auch Bad und Gänge.

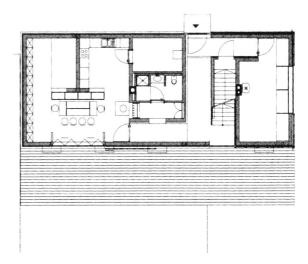

Erdgeschoss

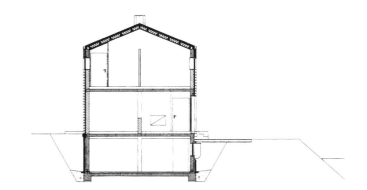

Querschnitt

Der Wohnraum mit Panoramafenster. Alle anderen Räume haben nur Schlitzfenster.

Allein mit den Elementen: Winter-
ansicht von Norden.

Rauer Stein und Lärchenholz im Treppenhaus.

# Schmales langes Haus

## Wohnhaus in Nürnberg-Großgründlach (D)
## Architekt: Matthias Loebermann, Nürnberg

**Eine modern reduzierte, gleichwohl regional gebundene Ästhetik kennzeichnet dieses Haus in einem dörflichen Vorort Nürnbergs.**

Das Thema des Ur-Hauses, betont durch den scharfkantigen Umriss ohne Dachüberstand und einheitlich weißen Verputz, wird hier verfremdet durch typisch moderne Elemente wie liegende Öffnungsformate, serielle Reihung und fassadenbündige Setzung der Fenster. Nur der Eingang ist plastisch hervorgehoben. Kühles Weiß und warmes unbehandeltes Lärchenholz sind die einzig sichtbaren Materialien, im Inneren treten Buchenparkett und schwarze Stahlgeländer hinzu. Aus der Beschränkung schöpft dieses kompakte Haus die formale Kraft.

Es liegt am Rand eines locker bebauten Vorortes. In zweiter Baureihe wird es über eine Privatstraße verwinkelt erschlossen,

Eingang

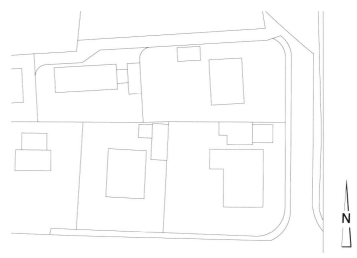

Lageplan

dafür grenzt es im Norden an offenes Wiesenland. Im Erdgeschoss wird diese Landschaft indes ausgeblendet, der hier liegende, weitgehend offene Wohnraum ist ganz nach Süden orientiert, wo sich, wegen der Sonne und der Nachbarn, die raumhoch verglaste Fassade durch Schiebeläden mit Lärchenlamellen schließen lässt. Vor dieser Filtermembran leitet ein schmales Deck zum Garten über.

Ein transparent gehaltenes Treppenhaus führt gleich am Eingang zu den Privaträumen im Obergeschoss, hinter einem Lamellenband verbergen sich hier Oberlichter. Werden die Lamellen hochgeklappt, blickt man in die Landschaft.

Das Haus ist in einschaligem, zweiseitig verputztem Ziegelmauerwerk errichtet.

Bauherr: Familie Dr. Rösler
Architekten: Prof. Matthias Loebermann, Mitarbeit: E. Alles, Th. Doleschal
Nutzfläche: 156 m$^2$
Baukosten: 255 000 € netto
Fertigstellung: November 2001
Standort: Sommeracher Straße 5, Nürnberg-Großgründlach (Bayern)

Zeichenhaft und klar: die Nordostansicht.

Nürnberg-Großgründlach 41

Verwandlungsfähig: die Südfassade mit Schiebelamellen.

Entree und Flur.

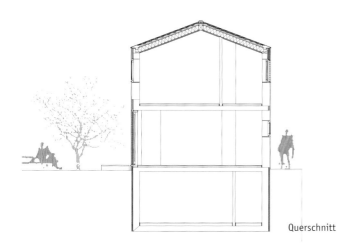
Querschnitt

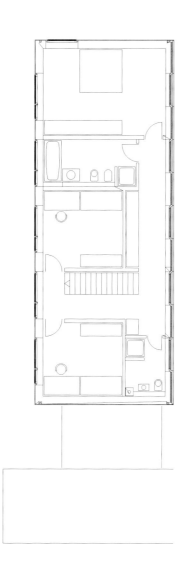
Obergeschoss

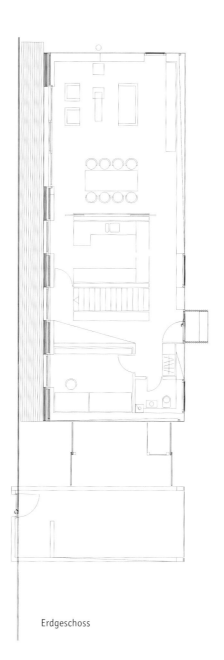
Erdgeschoss

Lamellen aus Lärchenlatten beschirmen das Fensterband an der Nordseite.

# Ländliches Experiment

## Einfamilienhaus mit Atelier in Gleißenberg (D)
## Architekt: Florian Nagler Architekten, München

**Mehr noch als nostalgische Vorstellungen von Handwerklichkeit prägen heute Pragmatik und Sparsamkeit das Landleben. Neue, preiswerte Materialien können deshalb, richtig angewandt, die lokale Baukultur durchaus bereichern – wie dieses Low-Budget-Haus im Böhmerwald zeigt.**

Das »Plastikhaus«, wie viele es nennen, verfremdet und aktualisiert eine regionale Bauform für den speziellen Zweck: Der Künstler Peter Lang brauchte ein großes, helles Atelier und seine Familie ein Wohnhaus. Beides war im teuren Oberbayern nicht zu finden, und so zog die sechsköpfige Familie in diesen abgelegenen Ort in Ostbayern, am Übergang vom Bayerischen Wald zum Böhmerwald. Um neue Einwohner anzulocken, gab es in dem 1000-Seelen-Ort Bauland für 15 Euro pro Quadratmeter.

Auf die 1000 Quadratmeter Grund im Neubaugebiet mit weitem Blick in die karge Landschaft setzte die Familie mit dem befreundeten Architekten ein Haus, das viel Platz und Licht bietet für wenig Geld – 300 Quadratmeter für 240 000 Euro inklusive Grundstück.

Im Kern eine Holzkonstruktion, nutzt das »Plastikhaus« die industriell hergestellten Doppelstegplatten aus Polycarbonat – Heimwerkern vor allem von Fertiggewächshäusern und Vordächern bekannt – als großflächige, lichtdurchlässige Fassadentafeln. Aus Glas – was dieselbe Funktion erfüllen würde – hätte die Konstruktion wohl 300 000 Euro gekostet. So waren es, da die Familie die Platten selbst anbringen konnte, gerade 15 000 Euro!

In dieser schneereichen Gegend, wo fast das halbe Jahr der Winter herrscht, ist ein Satteldach ratsam. So entstand der spannende Kontrast von traditioneller Kontur und modernem Material – ein subtil verortetes Readymade-Objekt, das durch sein Dach aus Holzschindeln noch an Spannung gewinnt.

Nach den mehrheitlich schlechten Erfahrungen mit »Plastikhäusern« in den sechziger und siebziger Jahren stellt das Haus bauphysikalisch ein Experiment dar: Die Polycarbonatplatten dienen hier nur als Verkleidung, sie sind, zumindest in der milden Jahreszeit, hinterlüftet, im Winter werden die Lüftungsklappen durch Deckel verschlossen. Es sind solche mit der Bauherrenfamilie entwickelten und gebauten originellen Lowtech-Konstruktionen, die das Experiment »Plastikhaus« so sympathisch machen. Die Erfinder sind selbst gespannt, wie gut die »ehrliche Haut« aus »Sichtplastik« altern wird. Tatsächlich werden ja in allen Häusern heute viele Kunststoffe verbaut – nur zeigen mag sie keiner!

Durchaus traditionell ist wiederum die Gliederung des Hauses: Man betritt es im »Stall«, dem Untergeschoss, aus dem eine Wendeltreppe ins Wohngeschoss führt, das als offener, auf die gemeinsame »Stube« zentrierter Allraum mit abgeteilten Funktionsräumen (»Kammern«) ausgebildet ist. Der Dach- oder Heuboden ist, wie in Gehöften, von außen zugänglich und völlig offen gehalten: Wo früher der Platz für Karren und Dreschflegel war, steht nun die tonnenschwere Druckpresse des Künstlers. Vorrichtungen für das Gestalten, Trocknen und Lagern der Großformate prägen die lichte und bei Bedarf auch luftige Werkstatt: Das talseitige Giebelfeld gibt durch eine Schiebefenstertür den Blick auf die Landschaft frei.

Die rationelle, mehrfach durch Umplanung weiter rationalisierte Holzkonstruktion steht bis ins Detail, beispielsweise der »Kassettendecke«, in reizvollem Kontrast zur allgegenwärtigen kühlen Fassadenmembran, die ihrerseits jede Lichtstimmung der Umgebung aufnimmt. An beidem reiben sich die vielen persönlichen Zutaten der Familienmitglieder, die zeigen, wie praktisch, »gemütlich« und inspiriert es sich im sparsamen Plastikhaus lebt.

Bauherren: Gabriele Lang-Kröll und Peter Lang
Architekt: Florian Nagler Architekten, München; Mitarbeit: Stefan Lambertz, Felix Lukasch, Matthias Pätzold
Nutzfläche: ca. 300 m²
Baukosten: ca. 240 000 Euro
Fertigstellung: 2001
Standort: Gleißenberg (Böhmerwald/Bayern)

Nachtansicht

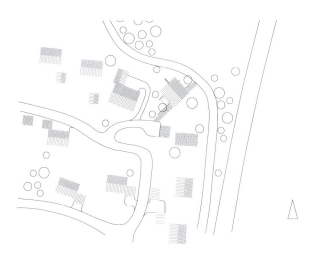

Lageplan
Low Tech in der Landschaft: Blick von
Norden auf das »Plastikhaus«.

Bunter Alltag in der kühlen Hülle.

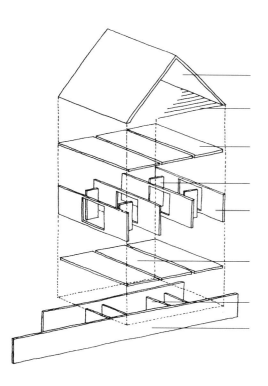

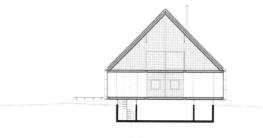

Querschnitt

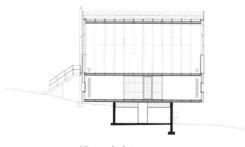

Längsschnitt

Dachgeschoss

Wohngeschoss

Eingangsgeschoss

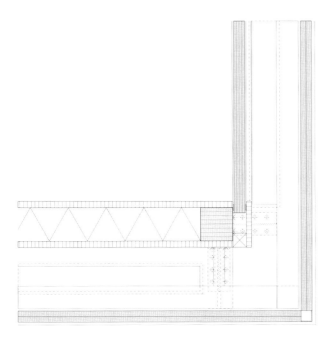

Details der Hüllkonstruktion

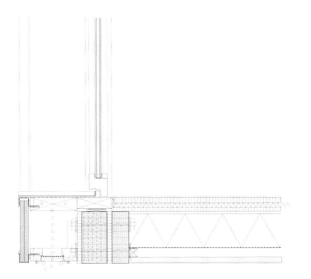

Hausecke mit Lüftungsöffnung.

Das Atelier im Dachraum.

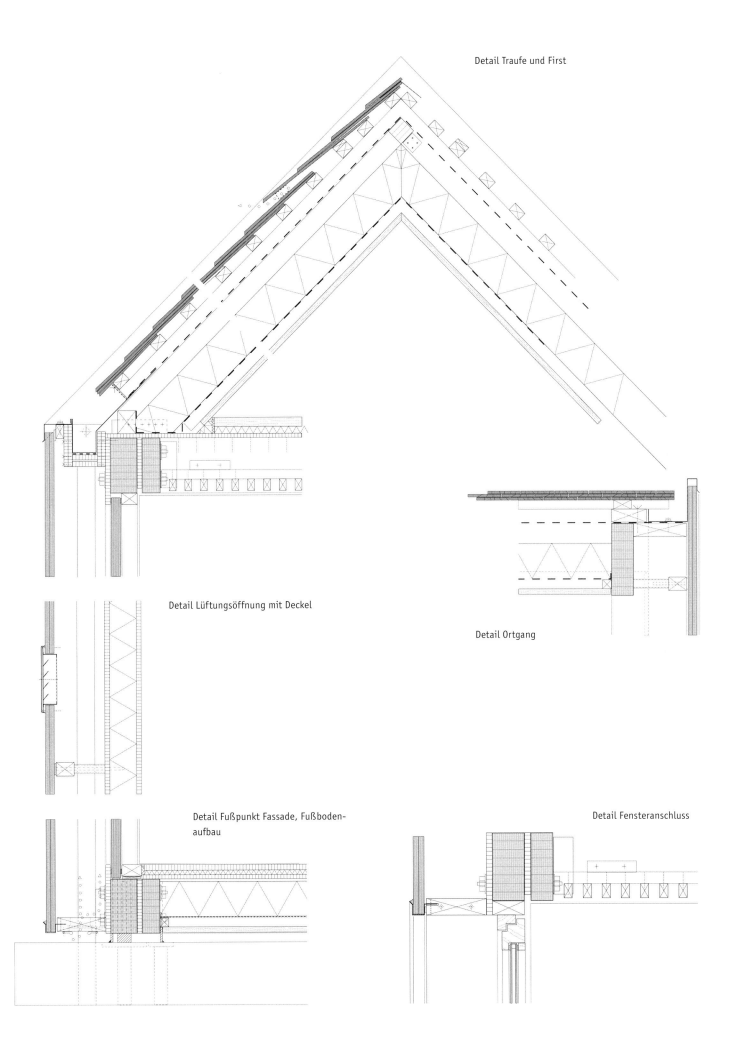

# Wohnhof

**Zwei Einfamilienhäuser in Vornbach am Inn (D)
Architekten: Erwin Wenzl + Manfred Huber,
Vornbach; Peter Kemper, Vornbach**

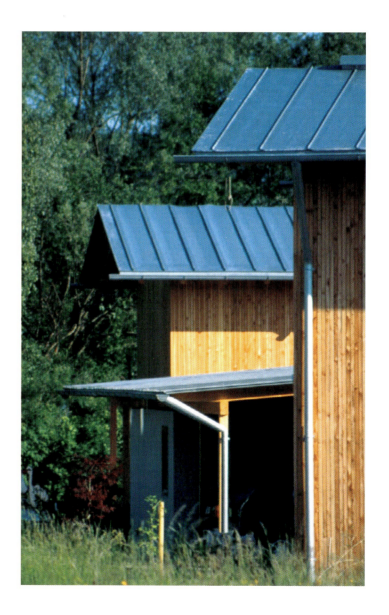

**Gerade am Ortsrand wirkt der Individualismus von Bauherren häufig störend. Wo keine Dorfgemeinschaft existiert, baut eben jeder für sich, zum Schaden des Ganzen.
Dieses gemeinsam von zwei Familien geplante Holzhaus-Ensemble zeigt, dass eine der Landschaft angepasste Bauweise zeitgemäß und kostengünstig ist.**

Das Neubaugebiet neben dem alten Klosterdorf Vornbach bewahrte bislang nichts von der lokalen oder regionalen Bautradition. Zwischen Dorf und Fluss machte sich Beliebigkeit breit. Das geht auch anders, sagten sich die am Ort tätigen Architekten, die mit Holzhäusern auf dem Land Erfahrung gesammelt hatten (siehe auch Seite 154).

Gemeinsam mit einem befreundeten Paar plante einer der Mitarbeiter einen Wohnhof aus zwei schlichten, doch komfortablen Holzhäusern.

Das Gelände fällt nach Süden zum Inn ab. Die lang gestreckten Häuser greifen wie zwei leicht gespreizte Finger in das umgebende Grünland; auf diese Weise erhalten beide Längsseiten Ausblicke in das Inntal. Neben der identischen Kontur und Detaillierung – bei sichtbar abweichenden Grundrissen – verbindet ein Nebengebäude die beiden Häuser und definiert erst den Hof. Hier sind Garagen und, da die Häuser nur zum Teil unterkellert sind, Abstellräume untergebracht. Zwischen den Häusern liegt nicht eigentlich ein Hof, sondern eine Obstwiese mit Spielplatz, was die Durchdringung von Gebäuden und Freiraum unterstreicht.

Leicht wirkende, weit auskragende Dächer, außen angeschlagene Fenster, die unter der Traufe zu Bändern zusammengefasst und zum Garten hin als Fenstertüren erweitert sind, Übereckverglasung, Einschübe und Ausstülpungen, hölzerne Decks – dies sind die Elemente der gelungenen Mischung aus ländlicher Bescheidenheit und Wohnkomfort.

Bauherren: Tanja und Peter Kemper, Vornbach; Sibylle und Martin Gemeinhardt, Neuhaus
Architekten: Erwin Wenzl + Manfred Huber, Vornbach
(Haus Gemeinhardt), Peter Kemper, Vornbach (Haus Kemper)
Grundstücksfläche: je 870 m²
Wohnfläche: 200/186 m²
Baukosten: ca. 1450 €/m² brutto
Fertigstellung: 1998/99
Standort: Vornbach am Inn (Bayern)

Harmonisches Ensemble: Die zwei Holzhäuser von Norden (links, unten) und Süden (oben).

Terrasse des südlichen Hauses.

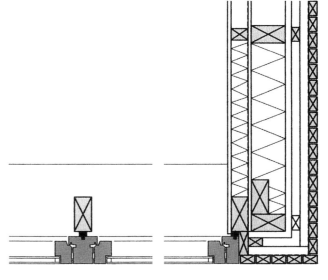

Eckdetail

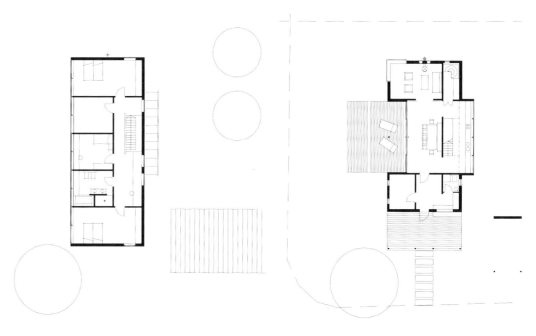

Obergeschoss Süd                    Erdgeschoss Süd

Querschnitt Nord

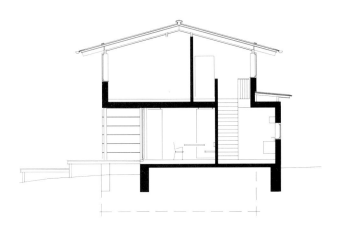

Querschnitt Süd

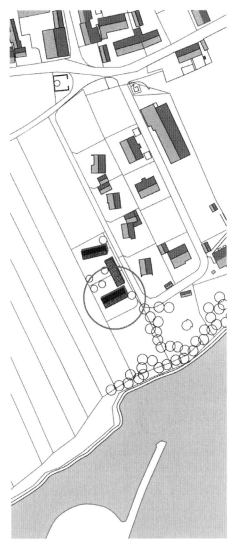

Lageplan

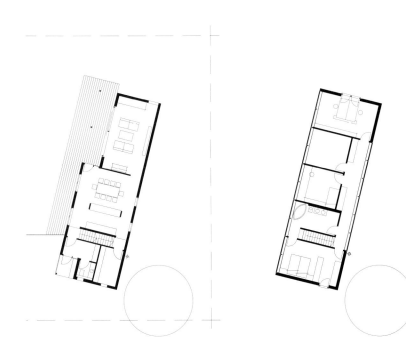

Erdgeschoss Nord       Obergeschoss Nord

Vornbach  55

Erleichternd: Fensterband unter der Traufe.
Über Eck: Wohnraumfenster des südlichen Hauses.

Essplatz im südlichen Haus.

Wohnküche im nördlichen Haus.

# Ökonomie am Ortsrand

## Einfamilienhaus in Ilzrettenbach (D)
## Architekten: Koller + Schuh, Passau

**Dieses Niedrigenergiehaus im Bayerischen Wald ist kompakt und kostengünstig konstruiert, doch es überzeugt auch durch seine gelungene Einbettung in die umgebende Landschaft.**

In seiner einfachen Formensprache erinnert das Haus an Feldstadel, wie sie in dieser ländlichen Gegend noch häufig anzutreffen sind: lang gestrecktes Satteldach ohne Aufbauten, senkrechte, unbehandelte Bretterschalung mit sparsamen, meist symmetrisch angeordneten Öffnungen. Den Architekten ist es nun gelungen, diese hochkompakte Form, wie sie vielen modernen Energiesparhäusern eigen ist, zu »verorten«: Vordach, Veranda, Schuppen und nicht zuletzt die erhaltenen alten Bäume auf dem Grundstück binden das Haus in die Landschaft ein, schaffen Schwellen- und Übergangsräume. Das »Kernhaus« gewinnt so weitere, zumindest in der warmen Jahreszeit bespielbare Räume im Freien hinzu.

Das Erdgeschoss ist als offener Allraum mit Nischen konzipiert. Ein am zentralen Kamin festgemachter Versatz von rund einem Meter Höhe, aus dem natürlichen Geländeverlauf abgeleitet, trennt Ess- und Wohnbereich und wird in dem geschützten Deck im Freien fortgeführt. So entsteht ein großzügiger Durchblick von der Diele in die Landschaft. Auch vom Essplatz gibt es über die Südterrasse einen direkten, nutzbaren Bezug zum Freiraum. Das Dachgeschoss birgt die Rückzugsräume der vierköpfigen Familie.

Die Konstruktion basiert auf einem innovativ eingesetzten Holzrahmenbau, unter Verwendung baubiologisch einwandfreier Baustoffe. Im Landeswettbewerb für den Wohnungsbau in Bayern erhielt das Haus 2001 eine Anerkennung.

Bauherr: Familie Kammer
Architekten: Koller + Schuh, Passau
Nutzfläche: 180 m²
Baukosten: 208 000 €
Bauzeit: Frühling bis Winter 2000
Standort: Ilzrettenbach (Bayerischer Wald)

Westseite mit Versatz

Lageplan

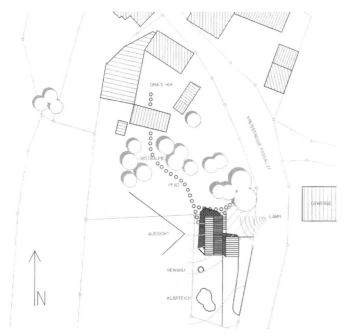

Nord- und Ostseite

Der Eingang

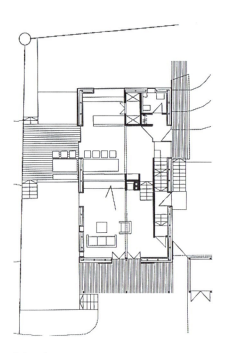 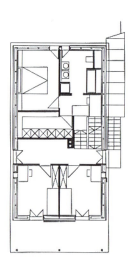

Erdgeschoss                                   Obergeschoss

Süd- und Westseite

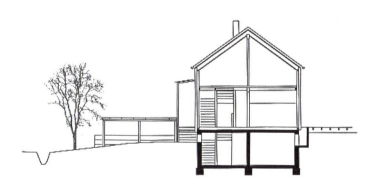

Querschnitt

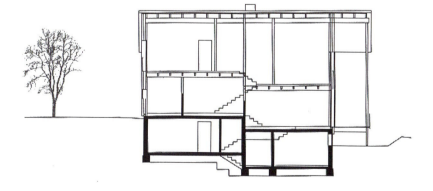

Längsschnitt

Ilzrettenbach 61

# Leben im Ort

## Doppelhaus in Geretshausen (D)
## Architekt: Sampo Widmann, München

**Inmitten einer kleinen Ortschaft westlich von München führt dieses Haus vor, wie sich der Wunsch nach den eigenen vier Wänden ohne Verschleiß von Landschaft individuell, kostengünstig und mit Bezug zum Freiraum verwirklichen lässt.**

Mit seinem steilen Satteldach und dem langen, schlanken Baukörper orientiert sich das Gebäude am Bestand der Umgebung. In Sichtweite der Kirche in zweiter Reihe errichtet, ist es inzwischen üppig eingegrünt. Neben der ruhigen, von keinen Öffnungen oder Aufbauten gestörten Dachfläche bewirken die niedrigen Vorbauten und das Gartenhaus, dass sich das Doppelhaus in die örtliche Baustruktur einfügt – Schuppen, Scheunen und Ställe prägen hier noch das Bild, und der Architekt wusste diese Elemente in eine zeitgemäße Sprache zu übersetzen. So nehmen vor allem die Längsfassaden in ihrer Mehrschichtigkeit und Gitterstruktur die Kleinteiligkeit der Umgebung auf.

Die neuen Giebelfronten indes, ohne Dachüberstand und von großen Fenstern durchbrochen, bekennen sich zur modernen Nutzung im Inneren: Hier gibt es anstelle von Stuben und Kammern lichte, großzügige Räume in beiden Haushälften. Während jedoch die westliche Hälfte die eher konventionelle Aufteilung mit Schlafräumen im Obergeschoss aufweist, gibt es in der östlichen Hälfte oben nur einen großen Multifunktionsraum.

Aufgrund der Plattenverkleidung nicht von außen ablesbar, ist das Gebäude in Holzständerbauweise errichtet, was künftigen Änderungen der Raumaufteilung entgegenkommt.

Beide Hälften kommen ohne Keller aus. Die gemeinsame Erschließung sparte zusätzlich Land und Kosten. Den Innenausbau erstellten die Baufamilien teilweise in Eigenregie.

Die Ausrichtung der Breitseiten nach Süden bringt beträchtliche passive Solarwärmegewinne. Die geschlossenere Nordfassade und die kompakte Gesamtform minimieren gleichzeitig die Energieverluste.

Bauherren: Klehr und Pollwein
Architekt: Sampo Widmann, München; Mitarbeit: Konstanze Elbel, Julia von Ribbeck
Nutzfläche: keine Angaben
Baukosten: keine Angaben (extrem kostengünstig)
Fertigstellung: 1998
Standort: Geretshausen (Bayern)

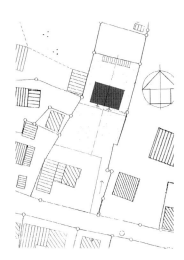
Lageplan

Gut integriert: Schlichte Kontur, feine Details und kleinteilige Zutaten machen das Haus zu einem Teil des Dorfs.

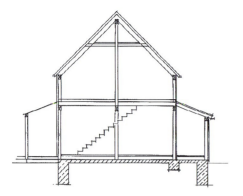

Querschnitt

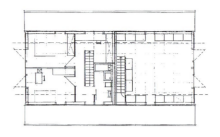

Obergeschoss

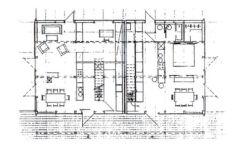

Erdgeschoss

Verspielte Gartengestaltung.

Üppig begrünt: die Eingangsseite.
Industrielle Materialien an Fassade
und Dach.

# Nur die Schale ist Chalet

## Zwei Doppelhäuser in Oberried am Brienzersee (CH)
## Architekten: Aebi & Vincent, Bern

**In touristisch interessanten Gebieten werden Neubauvorhaben gern durch strikte Vorgaben auf »heile Welt« getrimmt. Doch es geht auch ohne falsches Gebälk und Pseudo-Gemütlichkeit – wie dieses Beispiel zeigt.**

Das Seeufer in Oberried, zwischen Brienz und Interlaken, ist steil und noch weitgehend grün. Einzeln stehende Höfe prägen traditionell die Landschaft, und das »Chalet« ist auch für Neubauten die verpflichtende Bauform – Flachdach und »Überfremdung« durch auswärtige Bauherren sind hier nicht erwünscht.

Die beiden jungen Architekten aus Bern, ehemals Mitarbeiter des legendären, für seine kubische Architektur bekannten Atelier 5 ebendort, hatten für die Verwandtschaft am Ort schon ein paar

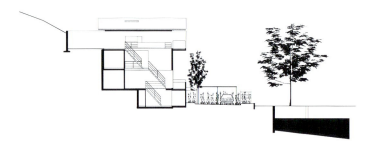

Längsschnitt

»befreiende« Umbauten gewagt. So gelang es ihnen nun auch, ein größeres Projekt zu realisieren, das großzügig, hell und offen im Sinne modernen Wohnens gestaltet ist, doch auch als Chalet gelesen werden kann.

In das Weichbild der Uferlandschaft fügt sich das Ensemble aus zwei Häusern vorzüglich ein. Das Material Holz, ebenfalls vorgeschrieben, haben die Architekten in zeitgemäßer Form als geschosshohe Platten an die Fassaden gebracht; dasselbe Material trägt auch das Dach, das weit auskragt, doch leicht und schlank wirkt. Ebenfalls geschosshohe Fensterflächen und Glasbrüstungen brechen indes sichtbar mit der Tradition, sie weiten die Innenräume spektakulär zum See und zum Hang.

Doch gegenüber alten Bauernstuben ist noch von weiteren Zugewinnen zu berichten. Der steile Hang wurde mit drei parallelen Stützmauern so abgefangen, dass auf den entstandenen Terrassen die drei Geschosse mit je eigenen Außenräumen Platz fanden. Jede der vier Einheiten (zwei pro Haus) besteht aus einem Keller- und drei Wohngeschossen, die über eine gerade, dem Hang folgende Treppe von unten erschlossen werden. Der Hang wie, beim Abwärtsgehen, der See sind auf diese Weise im Inneren stets präsent.

Im Erdgeschoss und im ersten Obergeschoss liegen die zum Teil auch separat vermietbaren Schlafräume, erst im Dachgeschoss, wo die Wohnräume angeordnet sind, öffnet sich unterm ortstypisch flach geneigten Giebel das Seepanorama vollflächig. Auch hier gibt es eine geschützte Terrasse auf der Hangseite.

Die exponierte Lage am Quai ließ eine differenzierte Schwellensituation entstehen. Die offen unter Rankgerüsten angeordneten Stellplätze müssen passiert, eine leicht erhöhte, mit Bäumen bepflanzte Zone vor den Sockelgeschossen muss überwunden werden, um zu den Hausaufgängen zu gelangen. Von den Wohnungszugängen im Erdgeschoss blickt man über den begrünten Hof hinweg auf den See.

Bauherren: H. und M. Gerber, Oberried; B. Aebi und P. Vincent, Bern
Architekten: Aebi & Vincent, Bern
Bruttogeschossfläche: 450 m²
Baukosten: 2,2 Mio. sFr, 4700 sFr/m² Wohnfläche (BKP 1-9)
Fertigstellung: 2001
Standort: Quai Oberried am Brienzersee, BE

Ansicht von der Seepromenade.

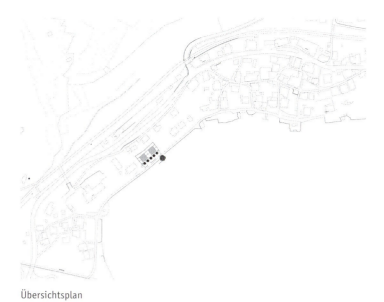

Übersichtsplan

Blick von der obersten Terrasse auf Haus und See.

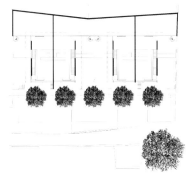

Dachgeschoss

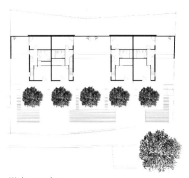

Wohngeschoss

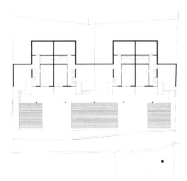

Eingangsebene

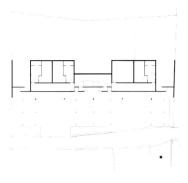

Straßenebene

Aufgang ins Dachgeschoss mit völlig verglastem Giebel.

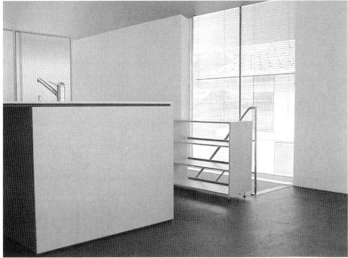

Küchenblock.
Küche mit seitlichem Treppenhausfenster.
Platzsparende Treppe ins Dachgeschoss.

# Mitten im Walserdorf

### Einfamilienhaus in Rueun (CH)
### Architekten: Robert Albertin und Alexander Zoanni, Chur

**Nicht nur am Ortsrand, auch in historischen Dorfzentren lassen sich ländliche Neubauten errichten. Gerade in traditionell hochkompakten Siedlungen entspricht dies weit besser dem Genius Loci als frei stehende Gebäude.**

Rueun ist ein altes Walserdorf im Bündner Oberland, das dank einer Umgehungsstraße seinen Charakter weitgehend bewahrt hat. Das Zentrum des kleinen, an einem Südhang gelegenen Dorfes bildet die Kirche mit ihrer großzügigen Wiese. Ringsum stehen die Häuser dicht nebeneinander an engen Gassen.

Die Bauparzelle liegt mitten in diesem dichten Kern, eingeklemmt und leicht zurückversetzt von der Straßenflucht. Das Haus musste im Hofstattrecht geplant werden, da das Elternhaus der Bauherren, damals noch mit einem angebauten Ökonomiegebäude, vor vier Jahren abgebrannt war. Festgelegte Außenmaße und Höhen erschwerten also die Neubebauung erheblich, zumal nur wenig Sonne in die Lücke fällt und von hinten der Hang den Platz bedrängt. Das Haus, das eine Vierzimmerwohnung mit separatem Büro oder Einliegerwohnung sowie eine große Garage oder Werkstatt aufnehmen sollte, ließ sich daher im Inneren nicht wie ein typisches Walserhaus gliedern.

Zentrale Entwurfsidee wurde die Ost-West-Beziehung der Außenräume hinter den bestehenden Walserhäusern. Durch die enge und räumlich spannende Treppe zwischen Neu- und Altbau gelangt man in einen großen, lichtdurchfluteten Innenhof. Hier betritt man den gläsernen Windfang, über dem eine halboffene Veranda liegt. Die Treppe führt von hier zum Büro auf der Hangseite. Über den Windfang gelangt man in die untere Wohnebene.

Um die äußere Großzügigkeit innen fortzuführen, ist das Wohnzimmer mit dem traditionellen Specksteinofen zweigeschossig angelegt. Das Bad im Obergeschoss liegt wie eine Brücke zwischen Treppe und Wohnzimmer, der Schlafraum wie das Büro liegen zum Hang. Jeder der hellen Räume verfügt über eigene Ausblicke. Die Wände sind weiß verputzt, die Böden aus heimischer Lärche.

Äußerlich passt sich das Haus trotz der massiven Bauweise (Beton und Backstein) sehr gut in den Kontext ein. Das Dach ist in traditioneller Weise als Pfetten-Sparrendach konstruiert und mit Blech gedeckt.

Bauherren: Teresa und Albert Valaulta
Architekten: Robert Albertin und Alexander Zoanni, Chur
Nutzfläche: keine Angaben
Baukosten: 650 000 sFr
Fertigstellung: 2003
Standort: Ortsmitte, Rueun (Wallis)

Ostseite mit Aufgang.

Talseite mit Tor.

Lageplan

Westseite mit Passage.
Eingangsseite mit Hof im Osten.

Aufgang vom Wohnraum ins Obergeschoss.

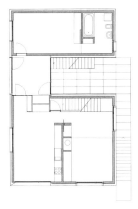 

Erdgeschoss　　　　　　　　Obergeschoss

Wohnraum

Querschnitt　　　　　　　　Esszimmer

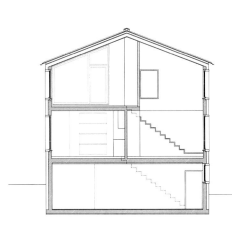 

# Heidis Nachbar

**Einfamilienhaus in Maienfeld (CH)**
**Architekten: Robert Albertin und Alexander Zoanni, Chur**

**Selten dürfte ein moderner Neubau so direkt mit einem so nostalgischen Erinnerungsort konfrontiert gewesen sein wie dieses Wohnhaus neben dem – authentischen – Hof der Romanfigur Heidi. Doch dank der Sensibilität der Architekten vertragen sich beide erstaunlich gut.**

Hoch über Maienfeld, an der Grenze des Weilers Bovel, liegt der Neubau zwischen Bruchsteinmauern, Bäumen, dem Haus der Eltern und dem Waldrand am Hang. Das Haus führt wie selbstverständlich die vorgegebene Typologie weiter. Es übernimmt die Bauflucht des Nachbarhauses und positioniert sich am Ende der bestehenden Mauer. Der wunderschönen Aussicht wegen ist das Haus klar nach Süden orientiert, ohne die weiteren Reize der Umgebung außer Acht zu lassen. So bezieht sich das hoch stehende Fenster an der Ostfassade auf den Heidistall, und ein großes Fenster im Essbe-

Bauherren: Karin Tanner und Massimo Oggiano
Architekten: Robert Albertin und Alexander Zoanni, Chur
Nutzfläche: keine Angaben
Baukosten: 710 000 sFr
Fertigstellung: 2003
Standort: Bovel, Maienfeld (Wallis)

Blick von Südwesten.

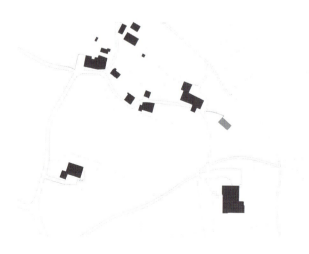

Lageplan

reich blickt nach Norden, zum Wald hin. Das Fenster des Elternzimmers im Obergeschoss rahmt die beiden Bäume am Eingang und bietet einen Weitblick in die Berge.

Von den im Übrigen traditionell organisierten Wohnfunktionen übernimmt der Sitzplatz vor der Südseite die wichtige Aufgabe, das Gebäude in der Umgebung zu verankern. Das Haus verfügt über einen Warmluftkamin. Konstruktiv besteht es aus Beton und Backstein mit Außendämmung, das Dach aus vorgefertigten Holzelementen und einer Blechdeckung. Während innen die prägenden weißen Putzflächen mit farbigen Bädern kontrastieren, soll die dunkelgraue Fassadenfarbe in einen Dialog mit dem Grün der Landschaft treten.

Hangseite
Talseite mit Terrasse.

Südfenster im Obergeschoss.
Allraum im Erdgeschoss.

Wohnraum

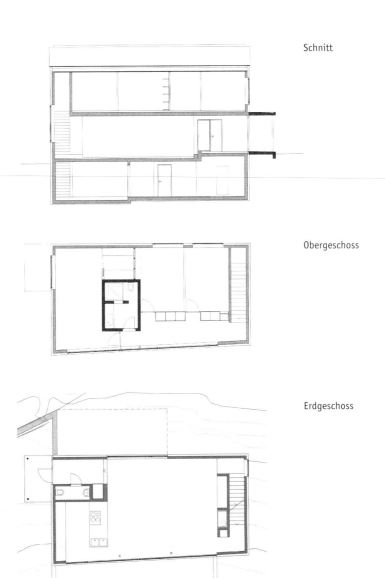

Schnitt

Obergeschoss

Erdgeschoss

# Drei Häuser vor Felskulisse

## Wohnhausgruppe in Vaduz (FL)
## Architekten: Keller + Brandner, Vaduz (FL)

**Auch in Stadtnähe kann ein Bezug zur freien Landschaft gelingen. Diese ist hier in Liechtenstein auch besonders bizarr.**

Die drei äußerlich identischen Einfamilienhäuser entstanden auf einem langen, schmalen Grundstück am Rand eines gewachsenen Wohnquartiers oberhalb von Vaduz, in unmittelbarer Nähe zum Wald. Material und Farbigkeit der Fassaden korrespondieren mit den schroffen Felswänden im Hintergrund. Faserzementplatten sind in dieser Gegend seit den zwanziger Jahren gebräuchlich; sie stehen in der Tradition der Holzschindeln.

Auf minimaler Grundfläche wurde der klare Grundriss in die Höhe entwickelt. Der Zugang im Norden ist mit dem gedeckten Autostellplatz kombiniert. Auf diesem Niveau liegen Technik- und Wirtschaftsräume. Das erste Obergeschoss mit dem Wohn- und Essraum sowie einem auskragenden Balkon ist konsequent nach Süden orientiert. Drei Schlafzimmer finden unterm Dach Platz. Die drei Häuser unterscheiden sich nur im Innenausbau, der mit den Eigentümern individuell gestaltet wurde. Oberhalb des Betonsockels besteht das Haus aus verputztem Backstein mit Außendämmung.

Lageplan

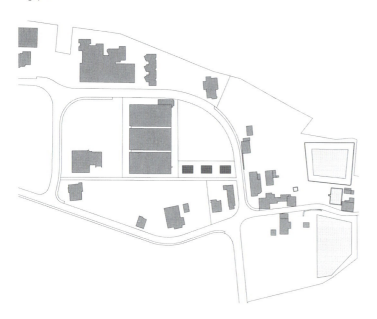

Bauherr: privat
Architekten: Keller + Brandner, Vaduz
Wohnfläche: 214 m² (EG 51, OG und DG je 80 m²)
Baukosten: 2185 sFr/m² BKP 2
Fertigstellung: Juli 2001
Standort: Schalunstraße 38, Vaduz (Liechtenstein)

Das Ensemble aus Südwesten (links) und
Nordwesten.

Dachgeschoss

Obergeschoss

Erdgeschoss

Querschnitte

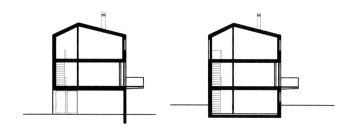

Hauseingang mit verschlossenem Stellplatz.

Blick aus Nordosten und Gegenblick talwärts.

# Abrundung des Ortsrandes

## Drei Einfamilienhäuser in Göppingen-Lerchenberg (D)
## Architekt: Stefan Schwarz, Nürtingen (D)

**Ensemble-Bildung ist das Schlüsselwort zum landschaftsgerechten Siedeln – das zeigt auch diese auf einer zuvor landwirtschaftlich genutzten Fläche im Schwäbischen errichtete Holzhausgruppe. Die Variation eines ruhigen, wohl proportionierten Bautyps bietet drei verschiedenen Bauherren individuelle Entfaltungsmöglichkeiten und verleiht dem Ort einen neuen, prägnanten Rand.**

Oberhalb des dicht besiedelten Filstals gelegen, ist Lerchenberg ein noch überwiegend ländlich geprägter kleiner Ort: Auchtweide heißt die Straße, deren Krümmung die drei Häuser folgen. Im Bestand und nicht im typischen Neubaugebiet errichtet, soll die Bebauung den Ortsrand stärken. Niedrige Auto-Unterstände sowie Nebenräume, anstelle von Kellern errichtet, binden die traufständigen Satteldachhäuser zusammen.

Die ideale Orientierung der Grundstücke nach Süden machte die klare Zonierung des Inneren möglich: Zur Straße im Norden liegen Erschließung und Nebenräume, im Süden die Aufenthaltsräume. Die auf nur einer tragenden Mittelwand ruhende Holzrahmenkonstruktion erlaubte bei gleichem äußerem Erscheinungsbild räumlich deutliche Abweichungen, etwa bei der Anordnung der Küchen, bei Lage und Form der Treppen und dem Grad der Unterteilung oder Offenheit. So besteht etwa das Mittelhaus aus nur einem großen Wohnraum im Erdgeschoss. Private Halbhöfe und Dachterrassen erweitern die Räume nach draußen und schaffen Rückzugsmöglichkeiten. Quer durch alle drei Grundstücke, über fast sechzig Meter, verläuft ein interner Fußweg.

Eine gemeinsame Zisterne speist alle Häuser mit Grauwasser. Teilweise wurden die Häuser mit Wärmepumpentechnik und kontrollierter Lüftung ausgestattet. Zusätzlich zur ruhigen Gesamtform sorgen ökologische Materialien und Oberflächen dafür, dass sich die Anlage in das Weichbild der Landschaft einfügt.

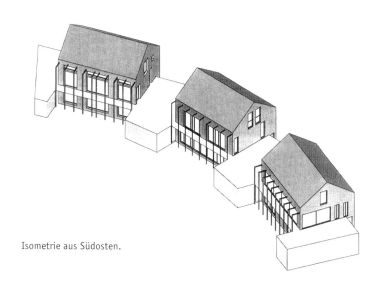

Isometrie aus Südosten.

Bauherren: Familien Burchard, Sperl-Schnarrenberger, Weber-Wissinger
Architekt: Stefan Schwarz, Nürtingen
Statik: Thumm + Sterr, Nürtingen
Grundstücksgrößen: 352–384 m²
Baukosten: 1150 €/m² brutto KG 300-400
Fertigstellung: 2002
Standort: Auchtweide 8–12; Göppingen-Lerchenberg

Straßenansicht (links) und Gartenblick.

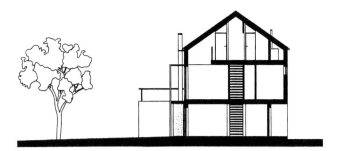

Querschnitt

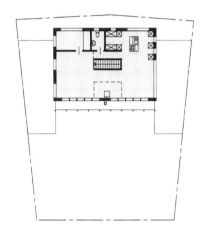 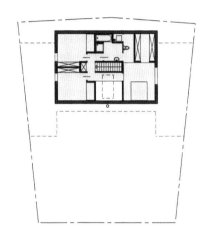 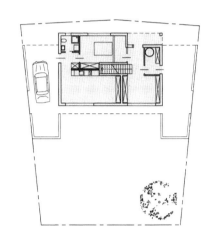

Erdgeschosse

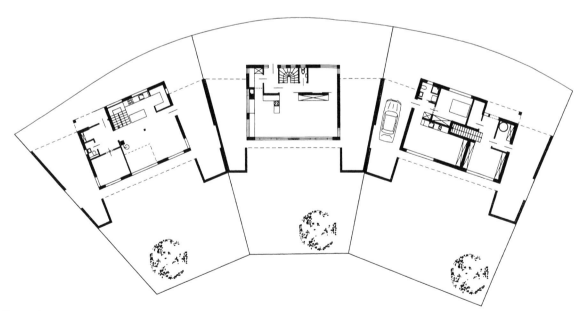

Obergeschosse

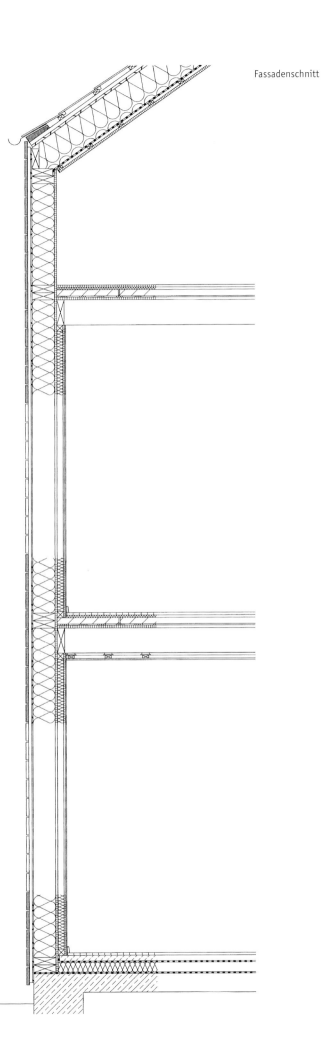

Fassadenschnitt

# Ensemble am Fluss

### Vier Einfamilienhäuser in Kipfenberg an der Altmühl (D)
### Architekten: Werner Baumann, Günther Baumann, München

Einfach und der Landschaft entsprechend zu bauen kann auf dem Land ganz schön schwierig sein – oft ist es gegen die landläufigen Geschmäcker nicht durchsetzbar. Diese Wohnhausgruppe in einer Kleinstadt an der Altmühl, zunächst als »Hasenställe« bekämpft, wurde am Ende doch gebaut. Ganz im Gegensatz zum alternativ geplanten Wohnblock fügt sie sich vorbildlich in die Situation.

Das 1200 Quadratmeter große Hanggrundstück am Westufer der Altmühl, mit Blick in die Flussauen, zum historischen Ortskern und zur Burg Kipfenberg erforderte eine sensible Planung. Das Ensemble aus vier fast identischen kompakten Einfamilienhäusern macht das Gefälle von sieben Metern sichtbar und lässt die Landschaft gleichsam hindurchfließen: Wichtige Sichtbeziehungen bleiben erhalten, werden sogar durch räumliche Fassung akzentuiert. Die Staffelung und fächerförmige Verdrehung der Häuser gegeneinander gibt zudem jedem einen eigenen Freiraumbezug, wobei das Prinzip der Erschließung – Zugang im Untergeschoss auf der Talseite – bei allen gleich ist. Die klare Orientierung der Grundrisse nach Süd/Südost schafft gut nutzbare private Außenräume; die vertikale Zonierung – Nebenräume im Unter-, Wohn-Allraum im Erd- und Schlafräume im Obergeschoss – bietet praktische Räume für die vierköpfige Standardfamilie, aber auch Spielraum fürs Wohnen und Arbeiten in anderer Konstellation. Die Häuser werden vermietet.

Die relativ zierlichen, verputzten Quader mit hölzernen Schiebeläden, hingeduckt unter leicht wirkenden, begrünten Pultdächern, ergänzen das Weichbild um eine harmonische, doch eindeutig zeitgenössische Note.

Bauherr: Rudolf Stumpf, Denkendorf
Architekten: Werner Baumann, Günther Baumann, München;
Mitarbeit: Bernd Callsen
Baukosten: nach DIN 276 KG 3-7 für alle vier Häuser mit Garagen 1,659 Mio. DM (rd. 848 230 €) brutto bei 560 m² gesamter HNF
Fertigstellung: Dezember 2000
Standort: Kipfenberg-Altmühltal

Die Häusergruppe im Kontext.

Die Bebauung formt mit den Freianlagen einen wohlgestalteten Rand zur Talaue.

Lageplan

Kipfenberg 87

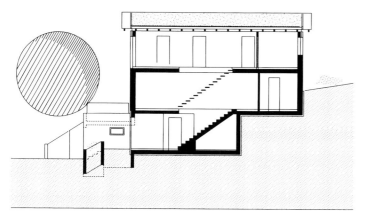

Längsschnitt

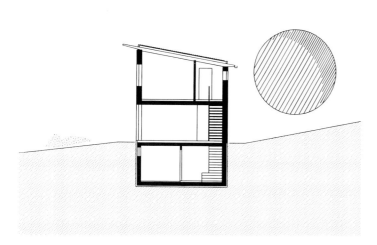

Querschnitt

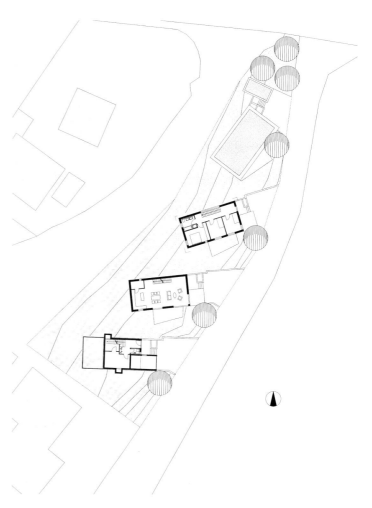

Grundrisse

Geschickt in den Hang gefügt:
Ostansicht.
Die Häuser rahmen Durchblicke auf
Stadt und Fluss.
Die Erdgeschosse lassen sich
vielseitig nutzen.

# Holzblock in der Landschaft

### Einfamilienhaus in Alberschwende (A)
### Architekten: Novaron Eicher Hutter Gepp, Diepoldsau (CH)

**Wo die Verstädterung ländliche Strukturen stört, kann es sinnvoll sein, neue Bautypen einzuführen, um an einem Ort trotz Lärm und Schmutz wohnen zu können. Dieses Atriumhaus ersetzt ein altes Bauernhaus und wendet sich strikt nach innen.**

An der stark befahrenen Bundesstraße, die von Dornbirn in den Bregenzerwald führt, hat die Zivilisation hässliche Spuren hinterlassen. Just im Blickfeld des alten Bregenzerwald-Hofs war unlängst eine große Werkshalle gebaut worden – ein Grund mehr für die Architekten, nach dem Abriss des Bauernhauses hier kein traditionelles Wohnhaus zu errichten. Der Nordhang legte es ohnehin nahe, die Wohnräume von der Straße weg, hangaufwärts, zu orientieren.

So entstand ein Grundriss von den Außenmaßen des alten Bauernhauses, doch gleichsam umgestülpt: Drei Seiten des niedrigen Gebäudes sind fast ohne Fenster, die vierte indes öffnet sich breit auf den Innenhof, der im Süden in die Hangwiese übergeht. Dieses rigide Schema von Kern und halb geöffneter Schale ist trotz der für Atriumhäuser unüblichen Hanglage überzeugend umgesetzt. Der offene Wohnraum mit dem aufgesetzten »Rucksack« für die Nebenräume wirkt großzügig und praktisch, bei Bedarf lässt er sich gegen zuviel Sonne oder Einblicke mit hölzernen Schiebeläden abschirmen.

Die architektonisch stärkste Wirkung entfaltet die mit traditionellen Lärchenholzschindeln verkleidete Schauseite des Hauses. Von der Landstraße en passant wahrgenommen, fällt dieser abstrakte Block gar nicht in die Kategorie »Haus«. Eher assoziiert der Reisende, an die Ablagerungen der Bregenzerwälder Sägewerke gewöhnt, »Holzstoß« oder »Bretterstapel«. So hat sich die Natur hier scheinbar ein Stück Siedlungsland zurückgeholt.

Das Haus ist jedoch keineswegs aus Holz, sondern in Massivbauweise errichtet.

Bauherren: Marcel Fetz und Sabine Metzler
Architekten: Novaron Eicher Hutter Gepp, Diepoldsau (CH)
Wohnfläche: 270 m²
Grundstücksfläche: 1726 m²
Baukosten: 937 €/m² Wohnfläche
Fertigstellung: Sommer 2002
Standort: Alberschwende (Vorarlberg)

Neuer Nachbar: Der Neubau ersetzt ein altes Bauerhaus.

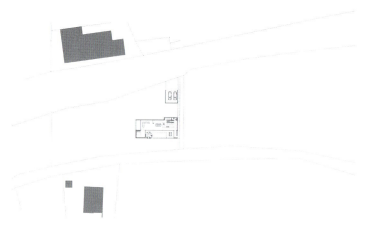

Lageplan mit Erdgeschossgrundriss.

Die Nordfassade zur lauten Landstraße ist fensterlos-abstrakt.

Alberschwende 91

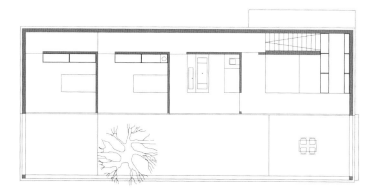

Obergeschoss

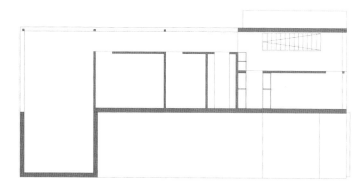

Untergeschoss

Variable Öffnung nach Süden: die Hangseite, die sich durch Lamellenschiebewände schließen lässt.

Der offene Küchenblock.
Flur mit Oberlichtern vor den Zimmern im Obergeschoss.

Zwischen Landschaft und Atrium: die wandelbare Rückseite des Holzblocks bei unterschiedlichen Lichtstimmungen.

Alberschwende

# Im Terrain verschoben

## Einfamilienhaus in Rorschacherberg (CH)
## Architekten: Novaron Eicher Hutter Gepp, Diepoldsau (CH)

**Wie sich durch freie Formung ein Baukörper differenziert ins Gelände einfügen lässt und wie so großzügige Freiräume von ganz verschiedener Qualität entstehen können, zeigt dieses dennoch klar und relativ kostengünstig konzipierte Haus.**

In Wartensee im Gemeindegebiet von Rorschacherberg, einer der schönsten Lagen entlang dem Bodensee, steht dieses Haus mit angegliederter Werbeagentur. Besonders wertvoll an diesem Grundstück ist die Aussicht auf den nördlich liegenden See. Die Nutzungsbereiche sind so gegeneinander verschoben, dass die schwierige Erschließung des Grundstücks möglich wurde. Durch den auf diese Weise entstandenen Versatz von Wohn-, Schlaf- und Arbeitsbereich bilden sich differenzierte Außenräume mit unterschiedlichen Nutzungsmöglichkeiten.

So ergibt sich im Obergeschoss ein Wohngarten mit Pool. Im Erdgeschoss sind Zufahrt und Einstellplätze untergebracht. Um die Räume optimal belichten und die Aussicht genießen zu können, sind die Wohnräume vollkommen transparent gehalten. Das Werbebüro wird über einen weiteren Freiraum zu Fuß erschlossen.

Die Materialien sind, auch in den Innenräumen, auf Beton, Holz und Glas reduziert. Aus der Auseinandersetzung mit rohen Materialien im Inneren resultieren spannende Räume ohne Verlust an Atmosphäre. So konnte das Haus auch relativ kostengünstig realisiert werden.

Bauherren: Patricia und René Eugster
Architekten: Novaron Eicher Hutter Gepp, Diepoldsau (CH)
Grundstücksfläche: 840 m²
Wohnfläche: 315 m²
Baukosten: 995 €/m² Wohnfläche brutto
Fertigstellung: 2000
Standort: Käseren 10, Rorschacherberg (St. Gallen)

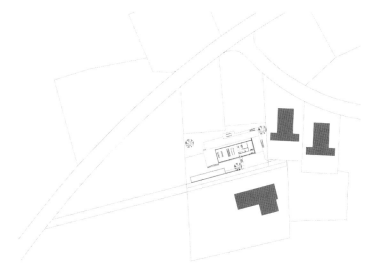

Lageplan mit Grundriss Obergeschoss

Der Wohngarten mit Pool im Obergeschoss, von Osten geblickt.

Der Zugang zu den Wohnebenen von Norden.

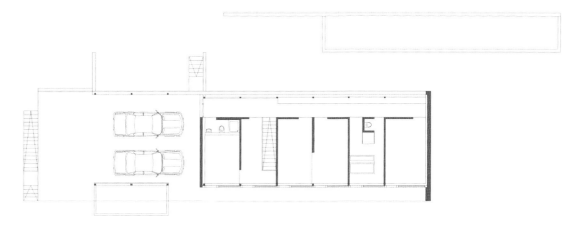

Eingangsebene

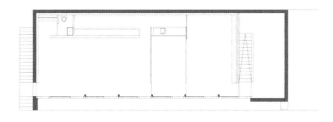

Untergeschoss

Blick in die Wohnebene mit Aussicht nach Norden zum Bodensee und nach Süden. Das Bad.

Geschickt gegeneinander verschoben: Die
Südseite mit der Erschließung links und dem
Wohngarten rechts oben.

# Schwebend über dem Bodensee

## Einfamilienhaus in Eichenberg-Lutzenreute (A)
## Architekt: k_m architektur, Daniel Sauter, Bregenz/Lindau

**Weit verstreute Einzelhöfe prägen das Bild der Vorarlberger Landschaft – dort, wo sie noch nicht vom Siedlungsbrei der Täler erfasst wurde. Neben einer solchen abseits gelegenen Hofstelle, an einem steilen Hang mit spektakulärer Sicht über den ganzen Bodensee gelang es, ein großes Wohnhaus einzufügen – und nicht nur die Sicht hat Beverly-Hills-Qualitäten.**

Von der Straße aus, auf der Bergseite, wirkt das Haus wie ein zwar breiter, aber doch flacher Bungalow. Vorspringende Betondecken und ein Oberlichtband betonen die Horizontalen, die im Gelände auszulaufen scheinen. Tatsächlich führen die konstruktiven Verankerungen weit in den steilen Hang hinein, um den Druck auf den Querriegel aufzufangen.

Denn auf der Talseite entpuppt sich der »Bungalow« als zwei- bis dreigeschossige Villa, die zudem von einer Art hölzerner Kanzel überragt wird, die in die prägenden Betondecken eingeklinkt erscheint. Beide, Decken wie Kanzel, springen weit über die eigentliche Fassade vor, das Haus scheint sich vornüber zu neigen, und die Kanzel überragt das Flachdach noch um gut einen halben Meter.

Ein imposantes Gebäude, dem allerdings, abgesehen von der Kanzel, die Zweischichtigkeit etwas von der Wucht nimmt: Die meiste Zeit liegen die Fassaden im Schatten der Dachüberstände.

Die Hauptebene des Hauses, das Eingangs- beziehungsweise Obergeschoss, ist, abgesehen vom aussteifenden Treppenkern, als offene Wohnlandschaft gestaltet. In der auch innen durch die überhöhte Decke und die andere Fensterstruktur klar abgesetzten Kanzel, die doch mehr ein Fünfundzwanzig-Quadratmeter-Erker mit eingebauten Fenster-Bänken ist, befindet sich die »Sitzecke«, während zum großen Deck hin, im voll verglasten Teil, auf vielleicht vierzig Quadratmetern die »Wohnküche« angeordnet ist. Der Zugang zu dieser Ebene liegt behindertengerecht gleich an der kleinen Passage zwischen Garage und Haus, von der eine zusätzliche Treppe hinab ins Erdgeschoss und in den Garten führt. Diese untere Ebene beherbergt jetzt die Individualräume, ließe sich jedoch auch als Einliegerwohnung nutzen – drum wohl auch der Raumüberfluss oben. In die neben der internen Treppe gelegene Speisekammer lässt sich aber auch ein Lift nachrüsten. In einem weiteren Untergeschoss ist ein Weinkeller mit offenem Boden untergebracht.

Allein die Kanzel ist, wegen ihrer beträchtlichen Auskragung, eine Holzkonstruktion von großem Trägerquerschnitt, der in der Verschalung der Brüstung und Stürze verschwindet. Da die beheizten Wohnräume trotz der großen Geste des Gebäudes relativ kompakt angeordnet und die Außenwände hochgedämmt sind (die Fensterflächen bestehen aus Dreischeibenwärmeschutzglas mit einem k-Wert von 0,7), liegt der Energiebedarf bei nur 35 kWh/m²a (»3-Liter-Haus«). Solarkollektoren an der Talfassade der Garage sorgen für warmes Wasser, ein Holzpellet-Kessel heizt das Haus.

Bauherren: Herr und Frau Weise, Ulm
Architekt: k_m architektur, Daniel Sauter, Bregenz/Lindau
Grundstücksfläche: 950 m²
Wohnnutzfläche: 365 m²
Baukosten: keine Angaben
Fertigstellung: Herbst 2003
Standort: Eichenberg (Vorarlberg)

Lageplan mit Eingangsebene.

Unter dem Erker: umlaufender Balkon im Erdgeschoss.

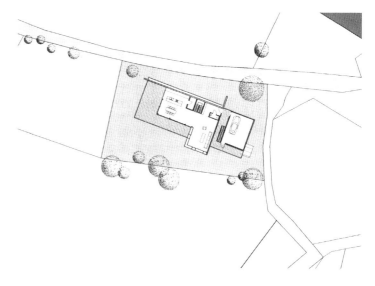

Steifer Rücken, aufgelöste Vorderfront: die zwei Gesichter des Hauses.

Eichenberg-Lutzenreute 103

Kubus, Schindeln, Schatten, Schichten – die Südfassade.

Terrasse vor der Einliegerwohnung.
Die Passage am offenen Treppenhaus.

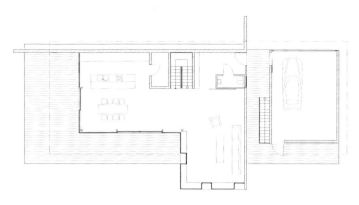

Obergeschoss mit Eingang

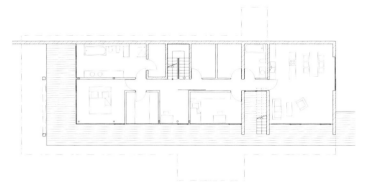

Erdgeschoss

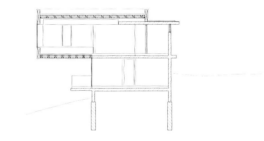

Querschnitt

Bad mit Balkon.
Die Küche im Obergeschoss.

Essplatz und Freisitz.
Wohnlandschaft mit abgehängtem
Kaminofen.

# Inszenierte Landschaft

## Einfamilienhaus in Schlins (A)
## Architekt: k_m architektur, Daniel Sauter, Bregenz/Lindau

**Zwischen Dorf und Wald liegt dieses Haus auf einer Lichtung mit überaus reizvollen Ausblicken. Im Kern ein kompaktes, vollökologisches Gebäude, reicht es doch weit in die umgebende Landschaft hinaus.**

Breit gelagert bietet sich der Quader vor der dunklen Waldkulisse dar, wie eine Villa – dabei ist das Raumprogramm nicht opulent: 170 Quadratmeter haben sicher auch die konventionellen Satteldachhäuser, die links und rechts der Zufahrtsstraße, leider im Blickfeld des Hauses, ebenfalls neu errichtet wurden. Wohl auch deshalb liegen die Hauptwohnräume im Obergeschoss: Von hier reicht der Blick nach drei Seiten über die Vorarlberger Szenerie und, auf der Rückseite, zum schützenden Wald. Dorthin, gegen den Hang, wird das Haus durch eine Mauer begrenzt, die, zugleich Grenzziehung der Siedlung, das Gebäude auch bildlich in der Landschaft verankert. Große Öffnungen von Deck und Treppenhaus sowie kleine Schlitze der Nebenräume rücken die schöne Waldlichtung hinter dem Haus in den Blick – bewusst gesetzte *picture windows*. Im Kontrast dazu sind die übrigen Fassaden großflächig verglast, auf der Südseite schützt ein schlanker, vor die Fassade gesetzter Rahmen vor zu viel Sonne (er dient zugleich als Putzbalkon). Der Hauptfreisitz liegt seitlich im Südwesten, wo auch die ganz mit Lärchenlatten verkleidete Garage anschließt. Im deutlich zurückgesetzten, hangseitig um ein halbes Geschoss eingegrabenen Eingangsgeschoss gibt es ein separat zugängliches Büro sowie eine Sauna.

Ausgesteift durch die langgezogene Betonwand, wurde das Haus binnen weniger Tage aus großformatigen Holzelementen montiert. Auf Holzschutzmittel und Lacke wurde völlig verzichtet. Solarkollektoren auf dem Dach sorgen für Warmwasser und die Heizung des Hauses, zusätzlich gibt es einen Holzofen.

Dank der kompakten Form, der gut gedämmte Wände und der Wärmeschutzgläser liegt der jährliche Heizwärmebedarf bei nur 35 kWh pro Quadratmeter – das entspricht drei Litern Heizöl.

Bauherren: Ingeborg und Michael Ellensohn
Architekt: k_m architektur, Daniel Sauter, Bregenz/Lindau
Grundstücksgröße: 1000 m²
Nutzfläche inkl. Büro: 170 m²
Baukosten: keine Angaben
Fertigstellung: 2002
Standort: Schlins (Vorarlberg)

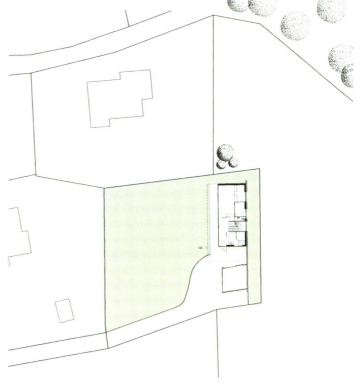

Lageplan mit Erdgeschoss

Die Südseite.

Blick von der Zufahrt im Südwesten.

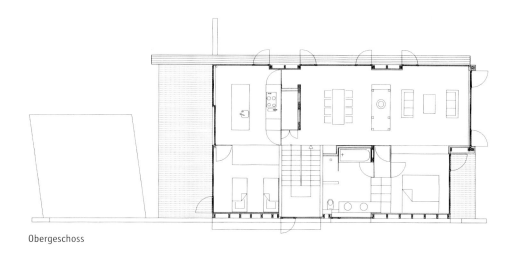

Obergeschoss

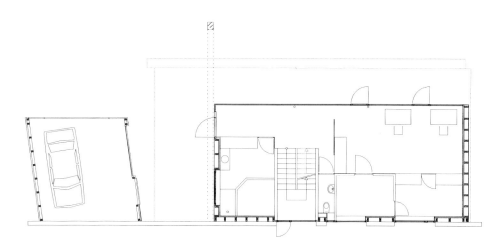

Erdgeschoss

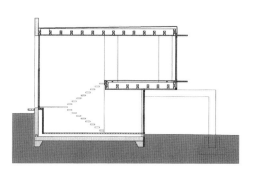

Querschnitt

Detailgrundriss Wandversatz

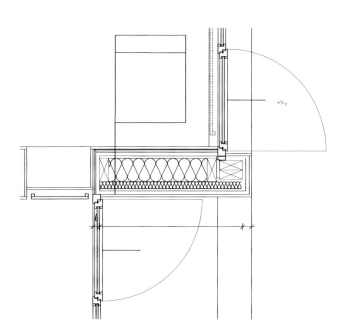

Die Terrasse an der Südwestecke.

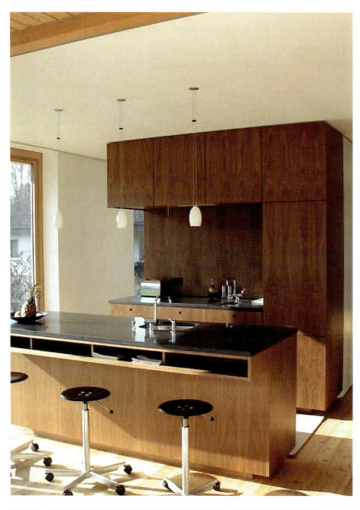

Der Küchenblock.
Im Treppenhaus.
Hinter der Südfassade.

Blick aus der Küche.

# Zwischen Wiese und Hinterhof

**Einfamilienhaus in Lochau (A)**
**Architekt: k_m architektur, Daniel Sauter, Bregenz/Lindau**

Zwischen Hang und Kleinstadt: das anstelle eines Schuppens eingefügte Haus.

**Naturnah und doch zentral wohnen, dieser Wunsch nach scheinbar Unvereinbarem ließ sich hier durch die Umnutzung eines Lagers zu einem kleinen Haus verwirklichen.**

Ausgeprägte Horizontalen stehen auch bei diesem Haus des Architekten Daniel Sauter in reizvollem Kontrast zur bewegten Vorarlberger Hanglandschaft (siehe auch die Seiten 102 und 108). Hier hatte er es jedoch nicht mit weiten unverbauten Wiesen zu tun, sondern mit einer Hinterhofsituation in einer Gemeinde am Ostufer des Bodensees. Ein Holzlagerschuppen stand quer zum Hang und verstellte den Blick auf die Streuobstwiese dahinter. Auf dem Sockel dieses Gebäudes, der für die Nebenräume umgenutzt wurde, lagert nun ein leichtes, filigranes Holzhaus, ein Bungalow eher, durch den hindurch das Grün der Wiese leuchtet. Wieder gliedert sich das Haus in eine mal mehr, mal weniger transparente Kernzone und halboffene Decks, die hier drei Seiten des kristallinen Quaders umgeben – auf der vierten ist das Haus an den höheren Altbestand angebaut. Um diesem Freisitz in der zwar dörflichen, aber doch dicht bebauten Situation mehr Fassung und Schutz zu geben, legt sich ein massives, die Konstruktion tragendes Gitter aus Betonbalken um die äußere Raumschicht. Dank der Hanglage scheint die grüne Wiese in die Wohnebene hinein zu »fließen«.

Bauherren: Bianca und Robert Schlachter
Architekt: k_m architektur, Daniel Sauter, Bregenz/Lindau
Grundstücksgröße: 520 m²
Nutzfläche: 125 m²
Baukosten: keine Angaben
Fertigstellung: Herbst 2003
Standort: Lochau (Vorarlberg)

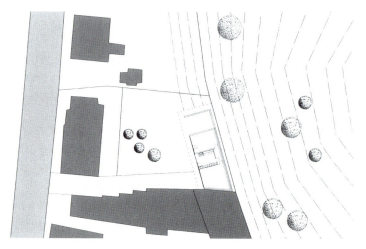

Lageplan mit Erdgeschoss.

Die schlichte einläufige Treppe, die wie in alten Bauernhäusern übereinander gestapelt aus dem Keller übers Erdgeschoss aufwärts führt, durchstößt hier sogar das Dach der Wohnebene und erschließt eine Dachterrasse. Die bietet über die Vorderhäuser hinweg einen Ausblick auf den Bodensee. Eine gelungene, auch städtebaulich sinnvolle Nachverdichtung!

Die Westseite mit Zugang.

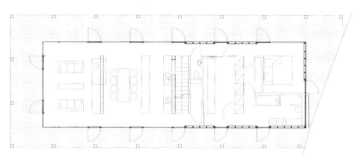

Obergeschoss

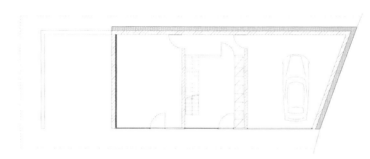

Erdgeschoss

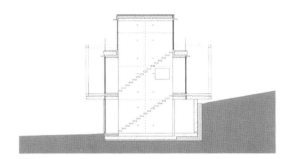

Querschnitt mit Treppenturm

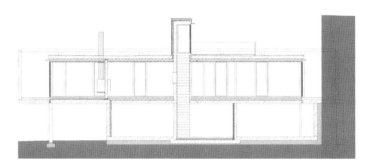

Längsschnitt

Filigraner Pavillon in der Obstwiese:
Hangblicke.

# Holzkuben zum Wohnen und Arbeiten

### Einfamilienhaus mit Büro in Wolfurt (A)
### Architekt: k_m architektur, Daniel Sauter, Bregenz/Lindau

**In der Ebene, inmitten landwirtschaftlicher Nutzflächen, wählte der Architekt eine andere gestalterische Strategie als in den Hanglagen (siehe die vorhergehenden Seiten). Die Nähe des Sees und die funktionale Zweiteilung waren mit bestimmend für die Form von Quader und Turm, welche dieses reine Holzhaus kennzeichnen.**

Das Haus basiert auf einem sehr ökonomischen Holzrahmenbauraster, das große Spannweiten und große Auskragungen ermöglicht. Einfache horizontale und vertikale Elemente greifen ineinander und lassen ein doch komplexes Raumgefüge entstehen. Mal introvertiert, mal nach drei Seiten offen, bietet das Haus bei aller Kompaktheit ganz verschiedene Qualitäten.

Der verschlossenere Turm im Norden bildet mit der geradlinigen, raumsparenden Erschließung den Rücken des Gebäudes. Von ihm geht der flache Quader des Obergeschosses aus, der auf dem geschosshoch verglasten Büro im Erdgeschoss zu schweben scheint (zwei schlanke Stützen sind hinter die Fensterebene gerückt). Aus diesem Quader sind zwei Freisitze ausgespart, die nach klassisch moderner Manier hinter der straffen Außenhaut des Quaders versteckt bleiben und vom Innenraum auch wie Höfe wahrgenommen werden können. Die Weite der Seelandschaft erfährt durch die Sehschlitze eine effektvolle Rahmung. Auch die drei Kinderzimmer auf dieser Ebene sind hinter die Haut zurückgesetzt, ebenso die Ostseite des Elternschlafraums, der das oberste Geschoss des Turmes einnimmt. Der Baukörper erhält so plastische Qualität.

Die Fassaden sind mit einer offenen Weißtannenschalung aus dem Wald der Bauherren verkleidet. Da diese fünfzig bis siebzig Prozent der Bauarbeit selbst leisteten und eine sehr ökonomische, zu siebzig bis achtzig Prozent wetterunabhängig im Werk vorgefertigte Konstruktion gewählt wurde – die Elemente waren in vier Tagen aufgerichtet –, liegen die Baukosten dreißig bis vierzig Prozent unter denen vergleichbarer Häuser.

Doch auch die Unterhaltskosten dürften dank immer noch kompakter Form, hochgedämmter Bauteile (u. a. Wärmeschutzgläser) und Solarunterstützung von Heizung und Warmwasserbereitung geringer als üblich ausfallen.

Bauherr: Familie Eberle-Böhler
Architekt: k_m architektur, Daniel Sauter, Bregenz/Lindau
Grundstücksgröße: 1500 m²
Nutzfläche inkl. Büro: 250 m²
Baukosten: keine Angaben
Fertigstellung: 2002
Standort: Wolfurt (Vorarlberg)

Totale von Südosten.

Lageplan

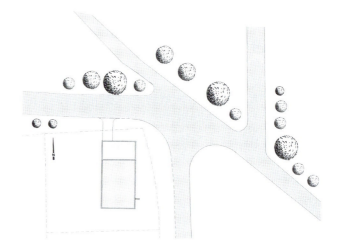

Westfassade mit Loggia.
Quader und Scheiben.
Gerahmte Landschaft: Blick gen Süden.
links: Südansicht vor Bergkulisse.

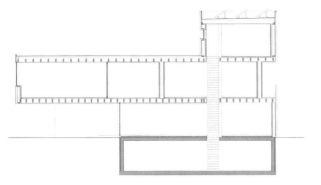

Querschnitt mit Holzkonstruktion.

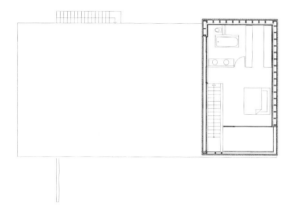

Dachgeschoss

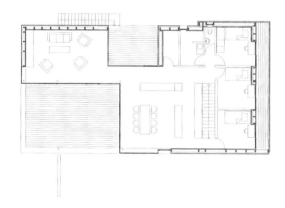

Obergeschoss

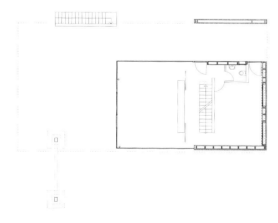

Erdgeschoss

Im platzsparenden Treppenhaus.

Zwischen drinnen und draußen: Wohnen im Obergeschoss.
Das offene Büro zu ebener Erde.

Wolfurt

# Wohnen im Kirschgarten

## Einfamilienhaus im Landkreis Fürth (D)
## Architekt: Dürschinger Architekten, Fürth

**In eine hundertjährige Obstbaumkultur ein Haus einzufügen – diese Aufgabe ließ den Architekten die Landschaft zum architektonischen Thema machen.**

Als Implantat im strengen Raster der alten Baumplantage nimmt das Haus die Orthogonalität auf. Es bleibt mit zwei flachen Etagen deutlich unter den Baumkronen und betont die horizontalen Linien: Wandscheiben greifen teils weit in die Landschaft hinaus und verbinden Innen- und Außenraum in Gestik und Material. Naturstein, Holz und Cortenstahl vermitteln zwischen Gebautem und Natürlichem.

Auf diesen Leitwänden lagert eine Betonfaltkonstruktion mit schützenden hellen Dachscheiben, die über der Landschaft zu schweben scheint. Geschosshohe Verglasung lässt den Raum vom niedrigen Entree mit der plastischen Treppe über den abgesenkten Wohnraum und die Terrasse in den Garten »fließen«. Verdichtung und Öffnung, Enge und Weite wechseln sich ab, entlang der Leitwand aus Naturstein, deren Endpunkt am Teich ein Teehaus bildet.

Die teils in Sichtbetonqualität ausgeführte Konstruktion des Hauses unterstreicht diese fließende Eleganz, wobei Vordach und Terrasse selbstverständlich thermisch abgetrennt sind, um keine Kältebrücken entstehen zu lassen. Dach und Wände wurden von außen wärmegedämmt.

Bauherr: Familie Dr. Schmidt
Architekten: Dürschinger Architekten, Peter Dürschinger, Fürth
Grundstücksfläche: 2000 m²
Wohnfläche: 250 m²
Bruttorauminhalt: 1100 m³
Baukosten: keine Angaben
Fertigstellung: 2002
Standort: Landkreis Fürth

Faltungen: Zugangsblick.

Lageplan

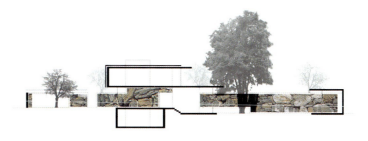

Querschnitt mit Leitwand

Wie schwebend: auskragende Deckenplatte.
Totale mit Leitwand und Teepavillon.

Landkreis Fürth

Kirschgartenblicke

Der Eingang im Norden.

Obergeschoss

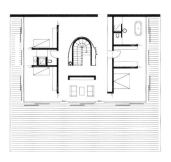

Erdgeschoss

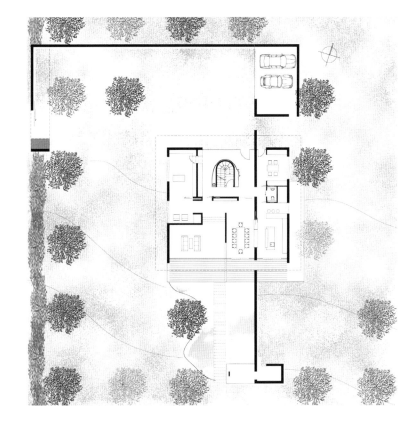

# Haus am See

**Umbau eines Apartmenthauses zum Einfamilienhaus in Kaufbeuren (D)**
**Architekten: Kehrbaum Architekten, Kaufbeuren**

Straßenansicht
Gartenblick

**Als eine sehr ungewöhnliche Altbausanierung macht dieses Haus das Beste aus seiner Lage im großartigen Landschaftsraum: See und Berge im Süden rücken ins Blickfeld, während die Nordseite robust verwandelt wurde. Zum Recycling der Substanz tritt ein hoch entwickeltes regeneratives Energiekonzept.**

Das in den 1960er Jahren solide in Schottenbauweise errichtete Haus stand zum Verkauf. Trotz guter Proportion des Baukörpers und trotz der exponierten, unverbaubaren Bergblicklage am Biotop fand sich kein Käufer, der das in die Jahre gekommene Apartmenthaus zu neuem Leben erwecken wollte. Deshalb wurde das Nutzungskonzept grundlegend geändert. Aus der Abfolge kleiner Apartments gestaltete der Architekt ein Haus für sich und seine Familie – als Hommage an eine Villa der Sechziger.

Der Baukörper wurde großteils belassen, die Kontur geschärft, Material und Farbe wurden aus den Erbauungsjahren entlehnt: Nach Norden und Westen zeigt sich das Haus robust und wetterfest in Naturstein, nach Osten und Süden in klassischem Weiß. Fenster und Böden sind schokoladenbraun in Nussbaumholz, der Stahl an Absturzsicherungen und Außentüren rostet in edlem Cortenstahl. Das Dach spiegelt den Fassadencharakter zum Himmel: nach Norden in Natursteindeckung, nach Süden mit großen Photovoltaik- und Solarthermie-Elementen.

Der Baukörper besetzt einen Großteil des Grundstücks zwischen Straße und See durch rechtwinklig ausgeschobene »Schubladen«, die einen Atriumgarten mit Pool und einen introvertierten Kiesgarten vor dem Elternschlafzimmer eingrenzen. So wird die Villa mit dem Hang verzahnt. Alle Mauern sind mit Riemchen aus dem Material der Fassaden belegt. Sie schimmern in mattem Grau, manchmal sogar golden (brasilianischer Ölschiefer). Der Grundton des Materials wird mit der Zeit grau-silbrig werden. Bald auch werden Wilder Wein, Glyzinien und Staudenrabatten die Mauern beleben.

Das innere Raumkonzept unterstützt das vorhandene Tragwerk des Hauses. Die durch die parallelen Schotten vorgegebene Blickrichtung zum See und in die Berge wurde zum Hauptthema. Wo große Wohnräume gewünscht waren, wurde die enge Abfolge der Mauern indes unterbrochen, wobei der Einbau von Stahllamellen es erlaubte, die Spannrichtung der Einfelddecken ohne Unterzüge zu ändern. Wo zwei Wandachsen entfernt wurden, nimmt ein zwölf Meter langer Stahlträger die Lasten aus Dach und Decke auf. Die als Auflager dienende Giebelscheibe wurde – 20 cm schlank – neu errichtet. Auch am Ostgiebel erlaubte erst eine schlanke Stahlabfangung die großzügige Öffnung ohne Unterzug im Souterrain.

Zwei Apartments für die Kinder, ein Apartment als Gästezimmer, ein großer Tageswohnraum und ein Abendbereich für die Eltern bilden die Grundstruktur. Allen Räumen ist eine Loggia vorgelagert, die den Blick nach draußen rahmt und vor Regen und zu viel Sommersonne schützt.

Die Materialien weißer Putz und Nussbaum sowie frei auskragende Treppenstufen aus Holz werden ergänzt durch Raumteiler in Mattglas und Alu-Schiebeelemente.

Die Lichtlenkung spielt eine wichtige Rolle im Haus: Während sich die von Süden einfallende Sonne mit Stoff-Jalousien dosieren lässt, ist auch der Flur hinter der geschlossenen Steinverkleidung keineswegs dunkel. Er erhält über einen Lichtgraben Helligkeit, die sogar nachts zur Orientierung ausreicht. Bei Nacht treten die flächenbündigen Einbauelemente in warmen Tönen hervor.

Eine zentrale Abklufteinheit im Dach dient dem Luftaustausch. In heißen Sommernächten wird hier die Richtung umgepolt, und kühle Außenluft strömt herein.

Ausblick über den abgesenkten Gartenhof.

Kaufbeuren 127

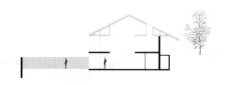

Querschnitt

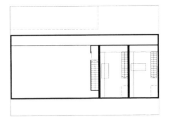

Obergeschoss

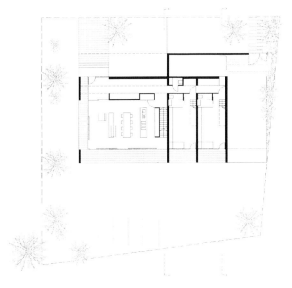

Straßenebene

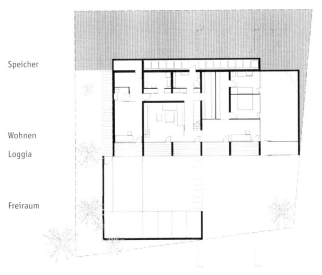

Speicher

Wohnen

Loggia

Freiraum

Gartenebene

Gerade im Hauptraum, dem Tagesraum, wird dem modischen Trend zum Schließen der Räume widersprochen: Große Schiebetüren bieten das ganze Jahr über die Möglichkeit, die Loggia einzubeziehen. Man sitzt dann in einer Laube im freien Luftzug.

Dennoch erfüllt das Haus den Niedrigenergiestandard: Dach, Wände und Decken sind mit Recycling-Dämmstoff aus Altpapier hoch wärmegedämmt. Alte Bauteile wie frei auskragende Balkonplatten sind mit geschäumtem Glas verkleidet worden.

Ein avanciertes Heizkonzept fügt sich geschickt in den Altbau ein: vierzig Quadratmeter thermische Kollektoren laden einen Vario-Speicher von 1,4 Kubikmeter Kapazität für Brauchwasser und für das Heizen warmer Flächen wie Handtuchwärmer. Nachgeschaltet ist ein 17 Kubikmeter großer Massenspeicher mit extrem dünner Vakuumdämmung (2 cm entsprechen 20 cm konventioneller Dämmung). Dieser Speicher wurde in Modulbauweise in den ehemaligen Laubengang eingesetzt (Raum-Recycling).

Im Sommer geht die Solaranlage nicht auf Notkühlung, sondern gibt die kostenlose Energie in das kleine Außenschwimmbecken ab. Die Kühle des Beckenwassers könnte zudem zum Kühlen der Decken in den Schlafbereichen verwendet werden.

Dass die Photovoltaikanlage mehr als das Dreifache des eigenen Bedarfs liefert, macht sie schon wirtschaftlich und sichert ein kleines Einkommen.

Neben aktiver Sonnenenergienutzung spielte auch die Nachhaltigkeit der Materialien eine wichtige Rolle: Massive Bauteile, immer ohne Verbundbaustoffe, und ausschließlich geölte Oberflächen im ganzen Haus ermöglichen langen angenehmen Gebrauch und spätere saubere Entsorgung. Örtliche kleine Handwerksfirmen trugen im Detail maßgeblich zu dieser Qualität bei.

Günstige öffentliche Mittel für die Altbausanierung (KfW-Kredite) unterstützten das Modellprojekt: Aussage und Stimmung der sechziger Jahre wurden kombiniert mit innovativen Themen des 21. Jahrhunderts.

Bauherr: Klaus Kehrbaum, Irsee
Architekten: Kehrbaum Architekten, Kaufbeuren; Projektleitung: Klaus Kehrbaum, Bauleitung im Praktikum: Simon Habel
Tragwerksplanung: RDS Dornbirn
Energietechnik: Martin Sandler
Grundstücksfläche: 1070 m²
Wohnfläche: 420 m² zzgl. Loggien/Terrasse
Baukosten: keine Angaben
Fertigstellung: Sommer 2003
Standort: St. Cosmas-Straße 12, Kaufbeuren-Oberbeuren (Schwaben)

Elegante Holztreppe.
Der Tagesraum auf der Eingangsebene.

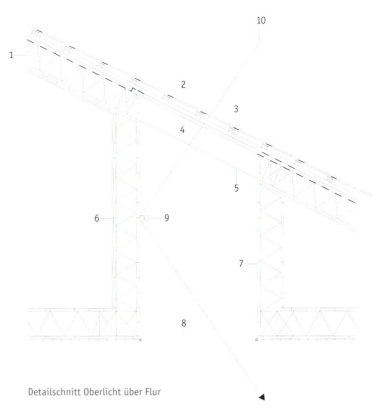
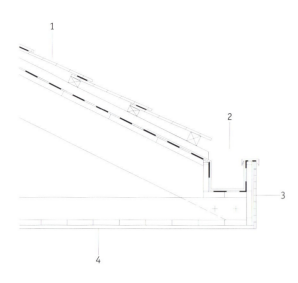

Detailschnitt Oberlicht über Flur

1 Dachaufbau
   Naturstein ca. 20 mm, im wilden Läuferverband
   Lattung
   Konterlattung 30/50 mm, kesseldruckimprägniert
   Tyvek-Bahn als wasserführende Ebene
   Schalung 24 mm
   Dämmung Isofloc
   Schalung 24 mm
   Grobspanplatte verputzt
2 Glasscheibe bedruckt, grau, entspiegelt
3 Kompriband, an Überlappung und Stoßfuge
4 Isolierglasscheibe als wasserführende Schicht
5 Sparren weiß gestrichen
6 Wandaufbau
   Grobspanplatte verputzt
   Isofloc
   Grobspanplatte weiß gestrichen
7 Wandaufbau
   Grobspanplatte weiß gestrichen
   Isofloc
   Grobspanplatte
8 Rentex Lichtdecke
   weiß matt
   ohne Stoß über gesamte Länge
9 Durchgehendes gedimmtes Lichtband
10 Lichteinfall tagsüber und bei Streulicht

Traufdetail

1 Dachaufbau
   Naturstein ca. 20 mm, im wilden Läuferverband
   Lattung/Konterlattung 30/50 mm kesseldruckimprägniert
   Tyvek-Bahn als wasserführende Ebene
   Schalung 24 mm
   Sparren Bestand
2 Innen liegende Regenrinne
3 Verkleidung Traufe
   Natursteinriemchen 10/30 mm freie Länge
   im Mörtelbett
   Grobspanplatte 24 mm
4 Verkleidung Untersicht
   Putz
   Grobspanplatte
   Holzzangen 10/5 cm

Vollkommen überformt: Westgiebel.

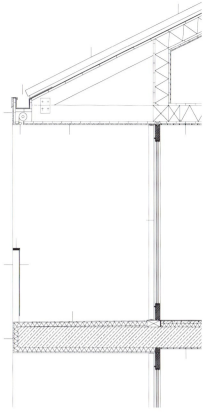

Detailschnitt Loggia

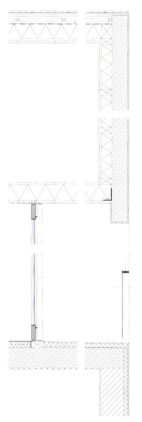

Fassadenschnitt Westseite

# Glas hinter Schindeln

## Aufstockung in Penzberg (D)
## Architekt: Florian Nagler Architekten, München

**Umlaufende Balkone und Holzschindeln sind in dem Teil Oberbayerns, in dem Penzberg liegt, verbreitet. Wie beim Haus in Gleißenberg (siehe Seite 46) greift der Architekt die Elemente der Region auf und setzt sie in Kontrast zu Neuem. So liegt hier hinter dem dekorativen Schirm aus Schindeln eine Ingenieurholzkonstruktion mit Ganzglasfassade verborgen, die großzügiges Wohnen und weiten Ausblick ermöglicht.**

Der eingeschossige, abgewinkelte Altbau ist Teil eines Hofensembles auf einer Endmoräne im Alpenvorland. Von der Hügelkuppe öffnet sich ein großartiges Landschaftspanorama. Statt für die Raumbedürfnisse der jungen Familie einen Neubau zu errichten, der die gewachsene Baustruktur gestört hätte, entschied man sich für die Aufstockung. Die Bausubstanz war gut und erlaubte eine auskragende Holzkonstruktion mit ortsüblichem Satteldach und eingespannten Stützen.

Die Aufstockung bietet unter dem offenen Dachstuhl einen großen Wohnraum mit offener Küche, während im Erdgeschoss die Zimmer und Nassräume liegen.

Der Bauherr ist Künstler und gelernter Holzschnitzer. Das Material Holz dient daher einerseits als rationale Konstruktion, die den Innenraum sichtbar gliedert und trägt (Dach und Boden bestehen aus jeweils sechs Dickholzplatten); andererseits definiert ein Schirm aus Rotzederschindeln das Bauvolumen. Diese Schindeln sind diagonal versetzt angebracht, filtern das Licht und dienen als Sichtschutz. Balkonsturz und Brüstung rahmen die Landschaftsperspektiven wie Bilder.

Die innere, dichte Gebäudehülle besteht aus großformatigen, raumhohen Glasscheiben, die den Raum, Boden und Decken hindurch lassen. Begrenzend wirkt dagegen die Reihung der frei stehenden schlanken Stützen.

Das Mehrschichtige, Mehrdeutige dieser Lösung ist so ästhetisch wie wohnlich. Im Wechselspiel traditioneller und moderner Elemente entsteht eine zeitgemäße, landschaftsverträgliche Form.

Bauherr: Albert Fiedler (jr.)
Architekt: Florian Nagler Architekten, München; Mitarbeit: Janina Binder, Felix Lukasch, Günther Möller, Matthias Pätzold
Nutzfläche: keine Angaben
Baukosten: keine Angaben
Fertigstellung: 2002
Standort: Penzberg (Oberbayern)

Lageplan

Schichtenfolge: Stützen, Glasfenster, Brüstung mit Schindeln.

Im Schindelkleid: das Giebelfeld.
Aufgestockt: Zimmer und Nebenräume liegen im alten Sockel, der Saal wurde als Holzkonstruktion aufgesetzt.
Filigran: die Fügung der Veranda.

Totale mit Untersicht der tragenden Dickholzplatten. Gegenblick von der Veranda in den Saal.

Schwebendes Dach: Nachtblick.

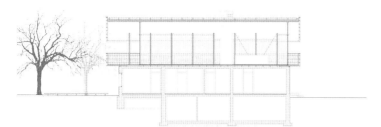

Schnitt

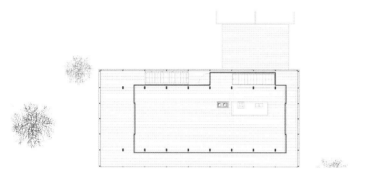

Obergeschoss

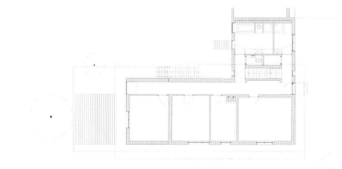

Erdgeschoss

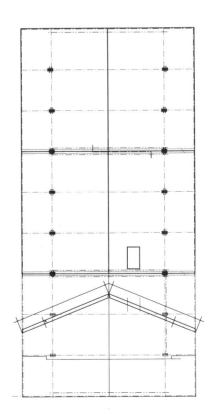

Konstruktionsplan

Erweitert ohne Landverbrauch: Der Baumbestand des Gehöfts wurde geschont.

Penzberg 137

# Atelier am See

## Künstleratelier in Eberhardszell-Dietenwengen (D)
## Architekten: Müller, Benzing und Partner, Esslingen

**Eine klare, filigrane Konstruktion bildet hier einen Kontrast zum dörflichen Bestand und betont die sanft bewegte Landschaft.**

Von der Hauptstraße des Dorfes aus gesehen, liegt das neue Gebäude hinter Wohnhaus und Werkstatt versteckt, der freien Landschaft zugewandt. In seiner Ästhetik leicht und vom Kontext losgelöst, ruht der Stahlskelettbau mit schlanken Rundstützen auf der Erde. Die Konstruktion ist jedoch, künstlergerecht, nur auf der Nordseite ganz verglast, im Süden liegt innerhalb des Stützenrasters eine hölzerne Lochfassade. Zwei eingestellte Nebenräume gliedern das Atelier in Holzwerkstatt und Maleratelier.

Die außen markant auskragende Dachkonstruktion ist auch im Inneren sichtbar.

Selbst poetisches Element und zugleich Plafond für des Künstlers Exponate, schließt sich die Terrasse mit dem Teich an. Hier öffnet sich der Riegel gen Westen mit einem voll verglasten Zimmer. Klarer Rhythmus und harte Kanten der Konstruktion kontrastieren mit dem weichen Schwung der umgebenden Landschaft, die bewegten Vertikalen alter Bäume betonen wiederum das lagernde Format des Gebäudes.

Bauherr: Willi Siber
Architekten: Müller, Benzing und Partner, Esslingen
Nutzfläche: 165 m²
Baukosten: 180 000 €
Fertigstellung: 1999
Standort: Eberhardszell-Dietenwengen (Baden-Württemberg)

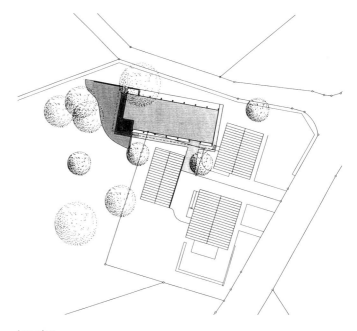

Lageplan

Blick von Süden auf die Lochfassade.
Die weitgehend verglaste Nordfassade mit Veranda.

Das Atelier mit Schiebewänden.

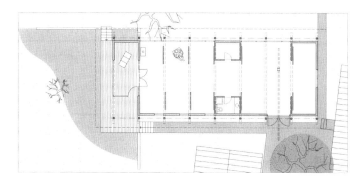

Grundriss

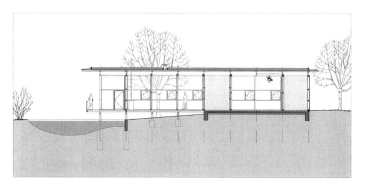

Längsschnitt

Verglaste Zimmer am Deck.

Nordseite

# Vom Stall zum Wohnhaus

## Austragshaus in Neuburg/Inn (D)
### Architekt: Peter Koller, Passau

**Ein Vierseithof lässt sich nur schwer erweitern. So trat das Austragshaus hier an die Stelle des Schweinestalls, der allerdings nicht abgerissen, sondern nur umgebaut wurde. Äußerlich wie neu, harmoniert das Wohngebäude sehr gut mit dem alten Bauernhaus.**

Im Weichbild der Landschaft fällt die Neuerung kaum auf: Wer auf der Bundesstraße 12 von Passau Richtung Schärding fährt, sieht auf der Höhe oberhalb des Inntals einen intakten Vierkanthof liegen, umgeben von Wiesen und alten Obstbäumen, ruhige Dachflächen prägen das Bild. Am Ende der Zufahrtsstraße erhebt sich der dunkelbraun verwitterte Giebel des alten Bauernhauses über frisch weiß verputztem Sockel; über Eck blickt man in den Hof mit Stall und Scheune.

Diese stimmige Welt wird auch von dem neuen Wohngebäude zur Linken nicht gestört. Mit den hässlichen Fertighäusern und Bungalows, die Jungbauern sonst gern demonstrativ neben das »alte Gelump« der Vorfahren setzen, um ihr Modernsein zu beweisen, hat das Gebäude nichts gemein. Es nutzt die alte Substanz des Stalls, die neu gedämmt und verkleidet wurde, und übernimmt in Teilen auch die Gliederung in verputzten Sockel und hölzernen Aufbau. Und weil die Milchkammer auf einem Hof immer gut erreichbar liegen sollte, hat man sie gleich vorn am Eck, unter dem Wohnraum, eingeplant. Weiter hinten gibt es weitere Wirtschaftsräume. So ist der Baukörper des alten Stalls gestalterisch wie funktional in das Hofgefüge eingebunden.

Nur das Obergeschoss dient allein der neuen Wohnnutzung, das tiefe Stallmaß erlaubte eine zweihüftige Anlage mit (Kinder-)Zimmern nach Süden und Elternbereich zum Hof. Die Formate der Fensteröffnungen und die Detaillierung von Trauf- und Giebelkanten weichen indes vom Hergebrachten deutlich ab: Hier zeigt sich die veränderte Nutzung selbstbewusst und – bei heutigen Dämmmöglichkeiten – gewiss ebenso wohnlich wie in den alten Bauernstuben nebenan.

Bauherr: Familie Engler
Architekt: Peter Koller, Passau
Nutzfläche: keine Angaben
Baukosten (nur Hochbau): 175 000 €
Fertigstellung: 1999
Standort: Schärdinger Straße (B12), Neuburg am Inn (Bayern)

Neu und Alt am Vierkanthof: Das aus dem Stall entwickelte Wohngebäude fügt sich harmonisch ins Landschaftsbild.

Lageplan

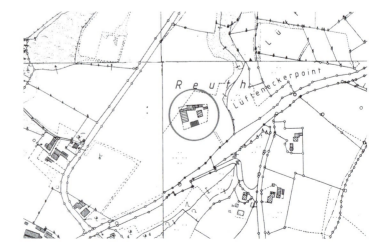

Alt und Neu an der Hofzufahrt.

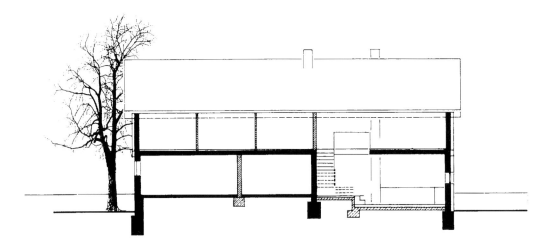

Längsschnitt

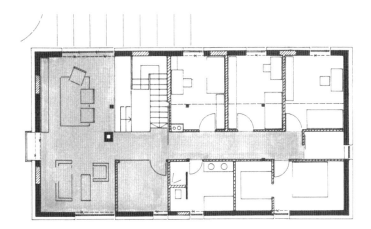

Obergeschoss

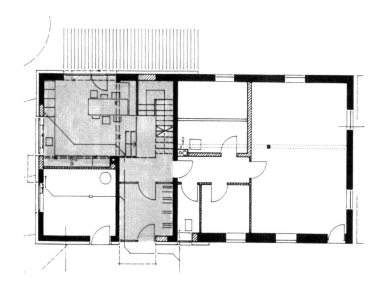

Erdgeschoss

Ostgiebel mit Ortgang.

Gebäudeecke mit optisch erleichterter Traufe.

# Raumgewinn durch Überformung

### Erweiterung eines Aussiedlerhofs in Geroldshausen (D)
### Architekt: Bruno Bruckner, Würzburg

**Moderne Bauernhöfe sind keine Idyllen. Zwischen großen Zweckbauten und reinen Nutzflächen bleibt oft wenig Raum zum Wohnen. Der nüchterne Bungalow eines Aussiedlerhofs erhielt hier durch Aufstockung eine neue Dimension – die Höhe. Zugleich bleiben Alt und Neu durch Materialkontraste ablesbar.**

Der Landstrich südlich von Würzburg ist dünn besiedeltes, raues Bauernland. Auf den fruchtbaren, leicht hügeligen Feldern zwischen Steiger- und Odenwald »schwimmen« moderne Aussiedlerhöfe scheinbar wie Schiffe im Meer.
An der Landstraße von Geroldshausen kündigt sich der Hof von ferne durch eine dichte Einhegung an: Wo sonst weit und breit kein Baum mehr steht, müssen Hecke und Obstgarten das einsame Geviert vor dem Ostwind schützen.

Etwas abseits von der Zufahrt, zwischen Obstgarten und Scheune, befand sich das Wohnhaus der Altbauern, ein schmuckloser Bungalow. Um am selben Standort Platz zu schaffen für die junge Generation und eventuell für einen Lehrling oder Feriengäste, entschied man sich, den Bungalow aufzustocken.

Da die Konstruktion aus den 1960er Jahren wenig belastbar war und auch während der Bauzeit bewohnbar bleiben sollte, der Bauherr zudem den Ausbau selbst übernehmen wollte, lag Holz als Material nahe. Die Aufstockung, obwohl funktional wie räumlich voll integriert, folgt deshalb einer eigenen Formensprache. Als Vorbild für ihren kubischen Umriss nennt der Architekt Stapel aus Strohballen, wie sie in der freien Landschaft zu finden sind.

Von Norden, vom Eingang her betrachtet, liegt die neue Holzbox quer über dem längeren, östlichen Schenkel des Winkelhofbungalows und nutzt dessen Dach im westlichen Teil als Terrasse. Von den Zimmern hier oben geht der Blick über die Wirtschaftsgebäude hinweg weit Richtung Westen. Ein nach Osten herausgerücktes verglastes Treppenhaus verbindet die Rückzugsräume oben mit den Wohnräumen im Erdgeschoss, die gleitend in die Räume der Altbauern übergehen: Küche und Esszimmer werden gemeinsam benutzt, die vorgelagerte Terrasse leitet über zum Gemüsegarten. Sollte das Obergeschoss einmal separat genutzt werden, wäre das Treppenhaus abzuteilen und dort ein zusätzlicher Eingang vorzusehen.

Trotz seiner Kompaktheit wirkt das neue Ensemble licht und großzügig. So ist es den kunstsinnigen Jungbauern mit einfachen formalen Mitteln gelungen, dem rauen Ort ein eigenes, unverwechselbares Gepräge zu geben.

Für den Umbau wurden der vorhandene Dachstuhl entfernt und Betonfiligranplatten als verlorene Schalung aufgesetzt und aufbetoniert. Die Aufstockung wurde darauf in Holzständerbauweise vor Ort errichtet und außen mit 6 cm Lärchenholzbrettern offen verschalt. Die Attika des Altbaus wurde als Absturzsicherung hochgemauert und der gesamte Sockelbau neu gedämmt, verputzt und mit neuen Fenstern versehen. So entspricht das Gebäude dem Niedrigenergiestandard. Alle Dachflächen sind als gefällelose Foliendächer gedeckt und im Bereich der Terrasse extensiv begrünt.

Bauherren: Familien Wachter, Meyer
Architekt: Bruno Bruckner, Würzburg
Nutzfläche gesamt inkl. Terrasse: 334 m²
Baukosten ohne Eigenleistung: Altbau 76 000 €; Neubau 154 000 €
Fertigstellung: 2001
Standort: Geroldshausen (Unterfranken)

Südostansicht mit dem vorspringenden Treppenhaus.

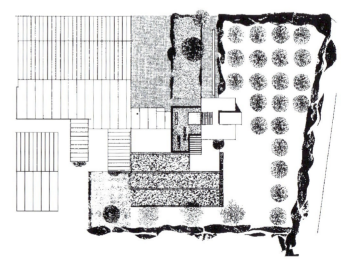

Lageplan

Blick auf den Eingang von der Zufahrt im Norden.
Der flache Altbau rechts und der aufgesetzte Neubau.
Der vom Holzaufbau geschützte Hauseingang.

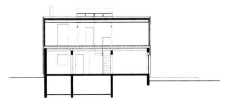

Querschnitt

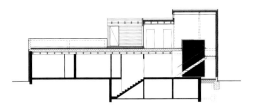

Längsschnitt mit Treppenhaus

Obergeschoss

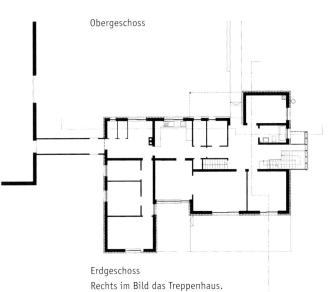

Erdgeschoss
Rechts im Bild das Treppenhaus.

Klar ablesbar: die vertikale Erschließung.

Das abteilbare Treppenhaus.

# Rampe in der Ebene

## Austragshaus eines Einödhofs bei Landsberg (D)
## Architekten: W. E. Lüps, Utting, P. Megele, Hohenpeißenberg

**Die Lechebene südlich von Landsberg ist flach, so weit das Auge reicht. Das mag für den Altbauern der Grund gewesen sein, mit dem Austragshaus einmal über diese Horizontale hinauszuwachsen – und ein »schräges« Haus zu bauen, das in einem »Hochsitz« endet.**

Der Zehnerhof, eine Einöde inmitten von Äckern, Wiesen und Wäldern, besteht aus dem zweigeschossigen Haupthaus mit angebautem Stall, einem so genannten Einfirsthof, und neueren, niedrigen Remisen und Ställen. Lang gestreckt und niedrig wie diese ist auch das Austragshaus, das an die Stelle des Hühnerstalls trat – die Dominanz des Haupthauses sollte gewahrt bleiben.

Was den Neubau zu einem »hervorragenden« Gebäude macht, ist die schräg wie eine Rampe aufsteigende Dachkontur, unter der sich der Wohngrundriss treppenförmig entwickelt. Der Hauptbaukörper ist nur einen Raum tief, Erschließung und Nebenräume liegen in einem nördlich angebauten »Rucksack«. Die treppenförmige Anlage, an der Hauptfassade im aufsteigenden Rhythmus der gleichförmigen Fenstertüren ablesbar, ist innen nur zur Hälfte offen erlebbar – zwei Zimmer sind abgeteilt. Doch mündet der in zwei Ebenen gegliederte Wohnraum am Ende spektakulär in dem luftigen und geräumigen Deck knapp ein Geschoss über der Landschaft, mit der es eine ebenso großzügige Freitreppe verbindet. Von hier mag der inzwischen verstorbene Altbauer den Gang der Dinge auf dem Anwesen in Ruhe verfolgt haben. Die Enfilade der Räume eignete sich indes auch für Gesellschaften oder Ausstellungen.

Das schmale Haus ruht auf einem halb in die Erde eingegrabenen Keller aus Stahlbeton. Mit auskragenden Brettstapelelementen

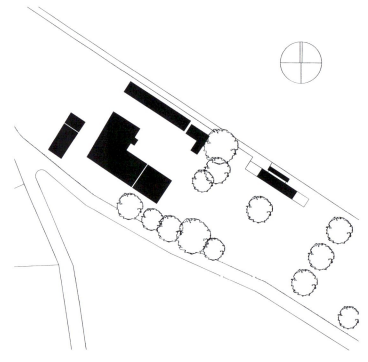

Lageplan

beginnt die Holzkonstruktion des Wohnbereichs. Wände und Dach sind als Holzrahmenkonstruktion ausgeführt, die außen farbige Fichtenbretter, innen Gipskartonplatten trägt. Das markante, wie der Annex mit Aluwellblech verkleidete Pultdach kragt im Süden weit aus und schützt vor Regen und Überhitzung.

Bauherr: privat
Architekten: W. E. Lüps, Utting, P. Megele, Hohenpeißenberg
Nutzfläche: keine Angaben
Baukosten: keine Angaben
Fertigstellung: Ende 1990er Jahre
Standort: Zehnerhof bei Landsberg (Schwaben)

Luftiger Freisitz über der Ebene.

Blick vom Hof im Süden und von den Feldern mit dem abgeteilten Nebenraumblock.

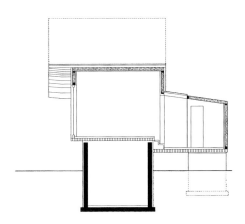

Querschnitt

Im Sockelgeschoss.

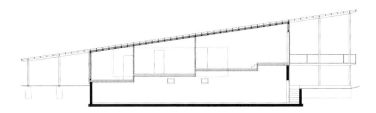

Längsschnitt

Grundriss

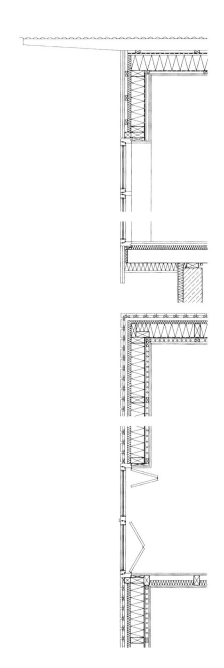

Vertikal- (oben) und Horizontalschnitt (unten) der Fassade.

152

Durchblick vom Nebenraumtrakt in
den Rampenraum; hinten der Freisitz.
Gesellschaftsfähig: der Wohnraum
mit dem Freisitz im Hintergrund.

# Kleines langes Haus

## Austragshaus in Fürstenzell/Steindobl (D)
## Architekten: Erwin Wenzl + Manfred Huber, Vornbach

**Der Generationswechsel im Betrieb machte auf diesem in freier Landschaft liegenden Hof den Bau eines zweiten Wohnhauses notwendig. Da ein Austragshaus für nur zwei Personen bestimmt ist, bleibt es klein und kompakt.**

In Anlehnung an die bestehenden Holzscheunen auf dem Hof wurde der neue Baukörper eher länglich ausgeformt. Abgeleitet aus dem üblichen Holzbauraster von 62,5 cm ergab sich eine Gebäudeproportion von 5 x 5 x 15 Metern, also 1:1:3. Dies gibt dem Haus eine zierliche, zeichenhafte Giebelfront und ein ruhiges, raumbildendes Volumen.

Das abseits vom Wirtschaftshof gelegene Haus öffnet sich mit seiner Breitseite nach Süden; die weitgehend geschlossene Nordseite mit dem Eingang folgt der Landstraße. Die Dachneigung von 22 Grad und die großen Dachüberstände entsprechen der örtlichen Tradition.

Der Wunsch nach natürlichen Baustoffen, Niedrigenergiestandard und einem großen Anteil Eigenleistung führte zur mit Lärchenlatten verkleideten Holzrahmenkonstruktion.

Der einhüftige Grundriss reiht jeweils zwei Wohn- beziehungsweise Schlafräume entlang einem Flur auf der Südseite, Treppe und Nebenräume liegen im Norden, die Nassräume ökonomisch übereinander über dem Technikraum im kleinen Keller.

Nach außen öffnende Fenstertüren sitzen bündig in der Fassade. Alle Oberflächen blieben unbehandelt, nur die Haustür ist blau gestrichen, um den Eingang zu betonen.

Bauherr: Thomas Huber
Architekten: Erwin Wenzl + Manfred Huber, Vornbach
Wohnfläche: 108 m²
Baukosten: keine Angaben
Fertigstellung: 1998
Standort: Fürstenzell-Steindobl (bei Passau, Bayern)

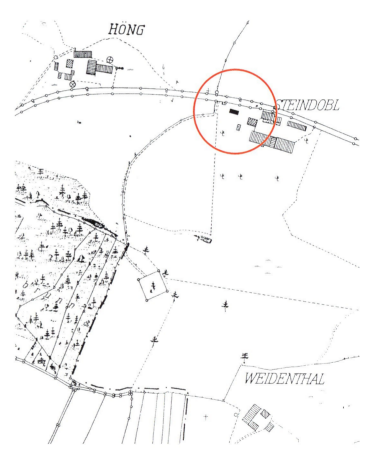

Lageplan

Einziger farbiger Akzent: der Eingang.

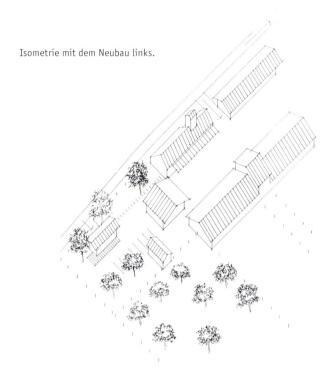

Isometrie mit dem Neubau links.

Der Ostgiebel.

Fürstenzell/Steindobl

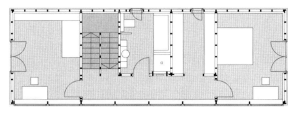
Obergeschoss

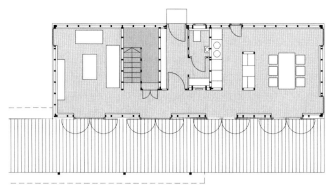
Erdgeschoss

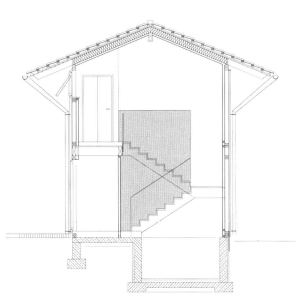
Querschnitt

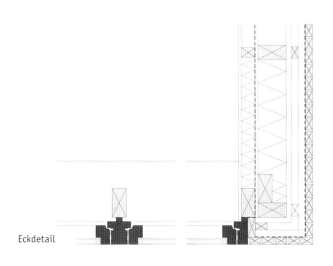
Eckdetail

Die Küche mit sichtbarer Deckenkonstruktion.

**Die Architekten**

Aebi + Vincent, Weihergasse 5, 3005 Bern, Schweiz
Albertin, Robert, und Zoanni, Alexander, Sägenstraße 68,
7000 Chur, Schweiz
Baumann, Werner + Günther, Albrecht Dürer Straße 22,
81543 München, Deutschland
Bembé, Sebastian, Dellinger, Sebastian, Im Schloss,
86926 Greifenberg, Deutschland
Bruckner, Bruno, Huebergasse 1, 97070 Würzburg, Deutschland
Brückner & Brückner, Franz-Böhm-Gasse 2, 95643 Tirschenreuth,
Deutschland
Dürschinger Architekten, Peter Dürschinger, Königswarter
Straße 20, 90762 Fürth, Deutschland
Hiendl + Partner, Turm am Schanzerl, 94032 Passau, Deutschland
Kehrbaum Architekten, Schmiedberg 6, 86152 Augsburg,
Deutschland
Keller und Brandner, Egertastraße 6, 9490 Vaduz, Liechtenstein
k_m architektur, DI Arch. Sauter, Seglerweg 1, 6900 Bregenz,
Österreich; Hochbucher Weg 58, 88131 Lindau, Deutschland;
www.k-m-architektur.com
Koller, Peter, Schrottgasse 12, 94032 Passau , Deutschland
Loebermann, Matthias, Äußere Bayreuther Straße 31,
90409 Nürnberg, Deutschland
Müller, Benzing und Partner, Alleenstraße 39, 73730 Esslingen,
Deutschland
Nagler, Florian, Marsopstraße 8, 81245 München, Deutschland
Novaron Eicher Hutter Gepp, Sonnenstraße 12, 9444 Diepoldsau,
Schweiz
Schwarz, Stefan, Bahnhofstraße 8, 72622 Nürtingen, Deutschland
Staatliches Hochbauamt Passau, Norbert Haslbeck, Postfach 1449,
94009 Passau, Deutschland
Wenzl + Huber, Maria am Sand 7, 94152 Vornbach am Inn,
Deutschland
Widmann, Sampo, Mittererstraße 3, 80336 München, Deutschland

## Bildnachweis

Die Ziffern geben Seitenzahlen an.

6, 7, 8 Autor
10 bis 15 Architekten
16 bis 27 Stefan Müller-Naumann, München
28 bis 33 Autor, Architekten
34 bis 39 Peter Manev, Selb
40 bis 45 Mila Hacke, Nürnberg
46 bis 51 Stefan Müller-Naumann, München
52 bis 57 Autor, Architekten
58 bis 61 Martin Schodder, Stuttgart, Autor
62 bis 65 Architekt
66 bis 69 Architekten
70 bis 77 Schenk + Campell, Lüen
78 bis 81 Architekten
82 bis 85 Architekten
86 bis 89 Michael Heinrich, München
90 bis 95 Gerhard Klocker, Lauterach
96 bis 101 Alex Bayer, Balgach
102 bis 121 Architekten, Markus Tretter, Albrecht Schnabel
122 bis 125 Architekten
126 bis 131 Stefan Müller-Naumann, München
132 bis 137 Architekten
138 bis 141 Stefan Müller-Naumann, München
142 bis 145 Autor, Martin Schodder, Stuttgart
146 bis 149 Architekt
150 bis 153 Architekten
154 bis 157 Architekten